比考第一名還重要的事

光哥與107班

劉桂光等——著

生命教育老師的分享

（依姓氏筆劃為序）

生命需要彼此祝福

南投旭光高中學務主任　林家如

老師不只是「教書」，更是要「教人」，要做「人師」。因為有「人味」的老師，會用人的眼光來看學生，他的愛心不會只有五分鐘熱血，會有源源不絕的熱血。生命充滿了困難與挑戰，生命教育可以讓我們明白為什麼要迎向挑戰？不是只有一次付出，是持續的付出！時時提醒自己「將心比心」，常常想到「還有別人」。

「知行合一」不能光說不練，需要正本清源，「大學之道」不在台、清、交、成，而是在如何使學生成為一個「大人」，並懂得替別人的生命種下幸福！

生命教育課，讓你我的生命有了意義

羅東高中主任輔導老師　胡敏華

有時候，生活裡有許多感動的故事；有時候，很想找人分享或抒發；有時候，我很需要朋友討論；有時候，我需要獨處反省。生命教育課，讓我在你的眼神中找到討論的起點，也在你的困惑中找到分擔的源頭。讓我陪著你，或是，你陪我，於是，生命就有了意義。

知與行之間的距離

桃園高中老師　徐玉青

我認為生命教育，是學習生命的智慧與安頓生命的力量。

教生命教育之後，深刻體會傳遞生命教育的知識不難，實踐卻不易，無論是學生或自己。因此「知行合一」成了生命教育最重要的課題。如何拉近人生道路上「知」與「行」之間的距離，我相信「靈修」有機會達成。透過「靈修六原則」的練習與反思，當面對抉擇、困境、軟弱時，運用原則幫助自己找到解決的方法與能量。

靈修，需要長期的累積，一旦內化，知與行即能合一。

安頓生命

台北麗山高中老師　徐茂瑋

安頓生命是台灣教育最欠缺的一環，將學習視為獲取分數、學位的工具，達成目標後，走狗烹，良弓藏，從此滾滾紅塵，只鑽研功名利祿之道，忽略安頓身心的智慧。

生蛋為職的雞謂之「蛋雞」，當今高中生多為「分數雞」，各學科在升學壓力下往往著重應付考試教學。然而，人生茫茫要何去何從？可惜最有機緣啟發智慧的國文老師未必人人善用之。生命教育遂為及時雨，不論是理性思維、品德實踐、體察人情世故、融入自然與靈性修養，只要能安頓身心都是課堂中討論的生命智慧。

「止於至善」的生命

新竹磐石高中老師　連監堯

「老師，我喜歡上生命教育課！」

「哦！為什麼？」「因為總是會讓我去想很多以前沒有想過的問題。」「你的意思是：思考會越來越寬廣；那思考的深度呢？」「當然有啊！譬如：以前知道『尊重生命』，像是口號一樣，說了也沒感覺；但是現在知道，『尊重生命』是人的基本權利，要尊重所有人，包括弱勢的、有色的……；越是去深入思考，就越知道我們離真正『尊重生命』的理想境界還很遠。」

「那麼，該怎麼辦呢？」「不過，老師，也正因為我們認真思考與反省，所以就越來越靠近理想境界，對嗎？」「嗯，說得真對！」

多年來，身為第一線的生命教育教師，曾與不同學生有類似的對話且為數不少。這些美麗、善良，甚至是破碎的心靈，儘管他們的學業成績不見得優秀、儘管他們聯考不見得上得了名校……，但是，他們面對生命困惑與挑戰，仍然力搏奮起，那種堅持在自己生命的航道上，畫出美麗彩虹的偉大心靈，每每讓我讚嘆不已。

生命的目的在「止於至善」，我想：生命教育的目的，應該也是吧！

我在生命教育課的實踐

高雄中正高中老師　張芬蘭

我以教育為一生的志業，期許自己可以成為更好的老師。認同「人才是學習主體」的我，不喜歡照本宣科的教學方式。

我習慣先走入學生的生命經驗，再透過說故事、譬喻、繪畫探索、遊戲體驗、媒體教學、小組討論、新聞時事等多元、有趣的方式，帶領學生探討人生三問的議題。深信每個孩子都是獨一無二的個體，所以我會以欣賞的眼光，幫助學生找到自己生命的亮點。我喜歡以尊重、接納、同理、真誠、分享及主動關懷的態度，回應學生的提問，這讓不少學生在碰到生活困擾時，會找我商量事情，一起解決生命的難題。

我感恩自己能成為一位生命教育老師，也歡喜同事會告訴我：「學生很喜歡上妳的課，他們常在週記本上分享他們在生命課的學習與想法」。我喜歡這樣的自己，也期待自己在生命教育課程中，能持續引領學生反思人生三問的議題。我衷心期待我的學生在接受生命教育課程的洗禮之後，能學會明辨是非、正向思考，成為一位自我悅納、懂得欣賞別人、有品、且熱愛生命的人。

「看見」自己的人生，為何而跑

花蓮天主教海星中學輔導組長　彭川耘

「孩子，我們要贏在起跑點上！」但是，我們到底要跑去哪裡？第一名？賺大錢？擁有一切物質，然後呢？如果你的世界，只剩下追逐，沒有其他；你考完學測、指考後，就失去往前的動力；終於出社會，卻發現你不知道想往哪裡去；到人生盡頭時，你發現，你知道要跑、要贏，卻沒有想過自己為了什麼而跑？又贏了什麼？

接觸生命教育以來，看見孩子發現自己身為「人」，能思索自己生命意義和價值時，那種燦爛笑容的真實度，和成績無關，和輸贏無關，是種接納、發光、也是種對自己和別人的善意。

幸福，不在擁有，而在「看見」。

目次

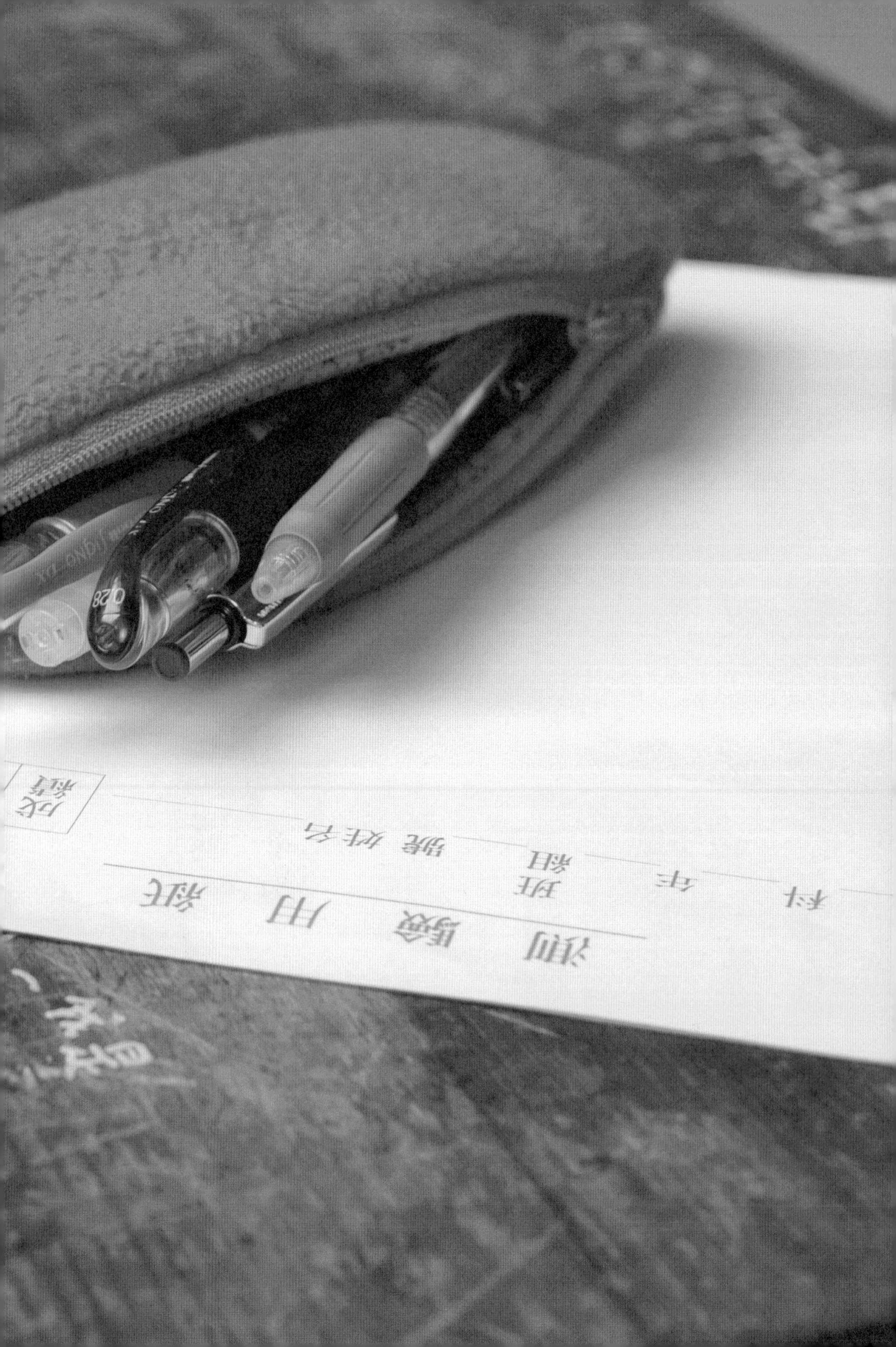
測驗用紙
科
年
班
組
號
姓名
成績

HI-POLYMER
Pentel
HI-POLYMER
C205
HB
40
Pentel

! Are u ok?
Let's shine
Together

撕去靈性的保鮮膜

問荷

高中是我第一次接觸「靈修」這個字詞，之前過著平凡的生活，雖然偶爾做錯了事會受到良心的譴責，但事情也就這麼隨它過去，並不覺得有何不妥。然而，自從接觸了「靈修」，我才更具體的明白，有時候並不是不傷害人、不違反良心就可以了。若能盡己之力為他人多付出一些，將會看到生命更美好的樣子。因為有了「靈修活動」，道德就不再顯得那麼空泛，而現在我也能漸漸在生活中去實踐。

以前，我一直認為所謂的「靈修活動」應該專屬於神職人員，直到接觸到生命教育推動的「靈修活動」，我才開始用心覺察：發現自己每天的生活固然時有喜樂，也常有混亂與紛擾，缺少寧靜平安的踏實感；發現自己經常用情緒來處理事情，充滿了主觀的偏見而不自知，當下還覺得很理性，久而久之，這樣的想法與作為常常讓我犯錯、後悔，甚至讓我學會了欺騙自己，陷入無明的深淵。

光哥

某天，仲寧很興奮地在「臉書」上說：「今天回家的時候在公車站遇到地理老師！（其實，我看到她的時候因為怕冷場，沒有上前搭訕，想等到我們其中之一要上車時再打招呼。可是在我緩緩的背對她移動的時候，就被發現了。）壞消息是：我們等公車等得異常的久。好消息是：沒什麼冷場。她是我這十六年來第一個只靠我對道路的描述，就能講出我居住社區名稱的人，這實在是太可怕了，不愧是地理老師。」

仲寧是個害羞內向的學生，看到老師，雖然知道要打招呼，卻不敢付諸行動。我於是在「臉書」上留言給他：「不要忘記靈修給你的提示，要第一個去愛，第一個去給。」可愛的仲寧回應說：「噢！我知錯了，下次一定先開口。」

一切從「覺察」開始

仲寧的情況，也是許多學生的常態，他們明白道理該如何，但就是缺乏臨門一腳，沒有覺察到自己行動力的薄弱。其實，不只是高中生，我也經常巧遇認識的人，可能是覺得不夠熟識，可能因為怕打擾到人家，總之在猶豫之間，就錯失掉主動問候的機會。這時，萬一對方也發現到我而主動上前問候，我就會覺得很尷尬，甚至開始擔心：「對方會不會認為我太冷漠，看到了還故意不打招呼？」

說起來，主動上前輕鬆的打個招呼是件很容易的事情，友善的打過招呼之後，心情應該會更好吧！可是，要能主動做到並沒有想像中容易，必須在事情尚未發生之前，就在心中練習「深刻反省、主動面對」。在生活中，遇人就主動問候，遇事就主動去做、主動去承擔，練習多了，這些應該做的事，才會成為自己習慣的一部分，才可能很容易做到。

換句話說，我們心中有許多美好的想法，但要具體實踐出來，要成為生活的好習慣，是需要特別加以練習的，而這樣的練習，就是靈性的鍛鍊方式之一。當「練習」累積得愈多，身心愈能與靈性和諧一致，生活的品質與生命的質量也就愈高。而這整個過程，就是我們所說的：「靈修活動」。

以前，我從來沒想過要做什麼「靈修活動」，身邊接觸的人，除了少數有宗教信仰的朋友偶爾會談到靈修之外，幾乎沒有人會提到這

樣的事情。所以，我一直認為所謂的「靈修活動」應該專屬於神職人員，應該是在修道院、寺廟、教會那樣的地方才會進行的活動。直到參與了生命教育的推動，感受到許多人，特別是那些應該被當成表率的人，在知識理性與生命實踐上的「落差」時，這才真切地反省：自己會不會也是這樣的人格不統整、表裡不一致？

透過生命教育的「靈修活動」，我開始用心覺察：發現自己每天的生活固然時有喜樂，也常有混亂與紛擾，缺少寧靜平安的踏實感；發現自己經常用情緒來處理事情，充滿了主觀的偏見而不自知，當下還覺得很理性。久而久之，這樣的想法與作為，常常讓我犯錯、後悔，甚至讓我學會了欺騙自己，陷入無明的深淵。

過著生命教育式的生活

現在，我深刻地覺察到自己的「知行合一」，很多時候還只是停留在心知的理解上，若要真切的落實在生活中，還必須透過靈修的修練，投入生命教育式的生活。因此，我一方面透過與學生、家人的靈修活動，督促自己更用心生活；另一方面也警覺到其中的困難，進而努力學習如何在生活中降低自己的慾望。

每天跟學生們一起實踐靈修，互相督促。對於我的提醒，學生們都很用心去做，也會反過來要求身為老師的我。不但如此，學生們對我在家裡的情況更是特別好奇，想探究一下老師平時在家是如何靈修的？有一次我帶著小他們一歲的女兒一起去班遊，幾個同學圍著她問：「妳爸爸在家裡有教你靈修嗎？」女兒回答說：「沒有啊！」這下子他們可樂呢！轉身想要「吐槽」。我說：「當然沒有啊！老師怎麼會把家裡當成學校一樣呢？你們不妨講一講靈修的主題名稱，拿靈修的內容去跟她聊聊看？」一聊起來，他們滿意的說：「老師，學妹還真的知道什麼是靈修耶！」

家庭教育和學校教育不一樣，為人父母的人，既不能把教育孩子的責任推出去給老師，老師回到家裡，也不能把家人當學生來教，所以，我教育自己小孩的方法當然與教育學生不同，但對於靈修的堅持並無二致。

在後面的章節裡，我會提供家長「如何進行靈修活動」的基本建議和參考方法，這些內容與我們在學校的教學不同，可是內在精神卻是一致的。我也相信，靈修只有「意願」問題，沒有「能力」問題，家長們只要「願意」多用心、多付出，就可以在生活中找到許多創意的方法來落實，若能進一步與學校老師配合，效果會更好。

總之，靈修是我們日常生活的一部分，它不會是神秘、苦修的，不必是嚴肅、枯燥的，不應該是道貌岸然、一副永不犯錯的樣子；靈修也不是神職人員的專利，不是一定非得在修道院、寺廟、教會中才能進行，它可以幫助我們成為好人，讓我們心靈得到平安、喜悅，讓我們生活充滿美好的幸福感。

但從另一方面來看，靈修也是困難的，因為我們的自我太盛、欲望太多，在看待很多事情的時候，心中想的多半是自己有沒有參與？有沒有得到滿足？有沒有被尊重到？一旦這些自我欲望沒有得到滿足，就會出現很多情緒，即便拚命壓抑自我、講出一番道理來，對方還是可以感受到我們不悅的表情與情緒，因此不但聽不進去任何道理，反而會覺得我們不夠真誠、口是心非。

其實，這種旁人覺得很簡單，自以為理性的當事者卻受限於自我欲望，讓情緒主宰了當下的一切，吵到僵持不下的例子經常可見。因此，經常進行「靈修活動」，就是為了幫助我們放下私慾的堅持，做到反省自己、尊重別人，進而跳脫當下的情緒陷阱，做到知行合一。

體的體會，並寫下你的成長故事！

撕去靈性的保鮮膜

在日常的生活中，我們雖然多半以理性知識處理事情，偏向心智活動，卻難免受情緒影響而產生混亂、困擾。以前，我一直認為自己是懂得反省、有羞恥心的人，在發生衝突時，經常覺得是對方不可理喻、有理說不清、溝通技巧有問題，認為出現在生活裡的這些擾人事情總是別人的錯。直到接觸靈修之後，我才深刻體會到自己根本就是「五十步笑百步」，因為多半時候，自己其實只是處在心知理解的層次，以為「知道」就算是「做到」，卻很少能夠將這些「知道」融貫在生活中，「做到」的當然更少！

這種情況就彷彿是我的生活被包上一層保鮮膜，一層讓我的良知靈性與現實生活隔離的透明罩，別人看不到，連自己都自我感覺良好地忽視它的存在！直到我開始用心面對靈修這件事情，才發現這一層讓我的靈性沉睡在其中，讓生命不能提升的保鮮膜。

因為靈修，幫助我不斷反省，檢視自己的「知行不一」，也再一次體會到：在心念萌生之初、在發出行為之前，只有「良知」的發現是不夠的，還要能實踐「知行合一」！這「再一次的體會」與過去不同，因為它是經過具體的行動、透過真切去實踐「靈修活動」而來的體會，最大的收穫則是心中的平安，以及隨之而來的幸福感。

這種幸福感與人生的際遇、名位的高低、財富的多寡無關；事實上，靈修的人還是會遇到很多的挫折挑戰，依舊必須面臨與大多數人一樣的生活問題、人事紛擾，但透過靈修，它幫助我們「看到」不同的人生態度與格局，「看到」自己的有限，學習化解自己的負面情緒、改進自己的問題，同時，它也幫助我們「看到」身邊人的美好與良善，使我們學會感恩、學會珍惜、學會付出愛、學會道歉、學會寬恕、學會體諒他人。

過去一年，在學校帶領學生進行靈修活動，其實我並沒有什麼信心，不知道這樣的帶領會不會有成果？畢竟我自己也是在人生進入四十歲以後，才逐漸體會到靈修的！但是我深知靈修的力量，所以決定試試看，況且即便不成功也不會有任何的損失吧！

出乎意料之外，這群十六歲的孩子竟然給了我極大的驚奇與感動。

剛開始聽到班上要實施靈修，我整個就是充滿問號，靈修是什麼？聽起來好嚴肅，好像很高深的樣子，會不會是什麼宗教活動？正當我這麼想時，老師已經寫下了第一個靈修原則了。經過這一年的靈修之後，我想我了解了什麼是靈修？簡單來說，靈修就是生活，它不是什麼宗教，它是一種生活模式，是讓你活得更有意義的生活方式。

2 幫助生命學習的靈修六原則

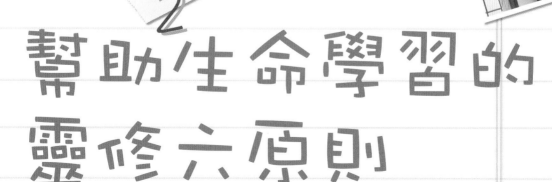

光哥

只要能讓人們的靈性生命不斷向上提升，使人們能正向積極、超越心知限制的各種美善德行、綱目，包括不同宗教的靈修、倫理道德的規範、生活中的美好德行等等，都可以成為廣義的靈修原則。

對十六歲的孩子來說，直接提出靈修原則，要求他們去做，我想是有困難的。

過去這一年，我與學生們能夠進行靈修活動，其實是有許多因緣的：在暑假新生報到的時候，我就給他們生命教育的功課，並在新生輔導中加入了生命教育。換言之，本校的新生在尚未正式入學前、在他們還不知道時，就已經接受了靈修活動的準備課程；其次，我們不但安排了生命教育課程，也將生命教育的元素融入到學校的各種活動中。

我一直相信：生活中的各種用心準備，都是靈修的一部分，以上那些「潛移默化」的準備工作所形成的力量，正是成功推動靈修活動的必要助力。因為，靈修並非只限於練習某些方法，也不一定非得透過某個精神導師的引領才能進行，它應該是我們生活中很自然的靈性成長活動。

生命教育課程的目標

從我實際的教學體驗中發現，「人格統整與靈性發展」不但是生命教育的終極目標，是高中「生命教育課程綱要」裡的重要主題，更是老師、家長都需要一起學習、共同反省的課題，因為唯有所有關係人一起學習，生命教育才能真正的落實。

什麼是「人格統整」？什麼是「靈性發展」？我們的生命，是由身、心、靈三方面一起架構而成的，它們應該是整體的存在，卻經常受到人與人的互相牽引，以及生活與環境的各種限制，讓身心靈處於一種分分合合的狀態，這對個人生命與社會都會產生不良的影響，因此，統整人格與發展靈性有其必要性。

但「知道」不等於「做到」，因此，在發展生命靈性的過程時，首先我們需要學習如何透過日常生活「知、情、意、行」的體察，發現自己言行之間的落差，感受自己人格上的不一致，以及身心靈的不和諧，然後，在生活中實踐「知行合一」，讓自己的人格邁向統整，提升生命品質。

其次，我們必須學習如何從「人性良知」處，培養「為善的勇氣與意志」與「感同身受的能力」，這其中的重點在於理解、體認、實踐：我們必須理解「人性良知的意涵與美善的價值」，進而體認「透過良知所掌握的行善之勇氣與意志」，以及如何在生活中實踐這樣的勇氣與意志，最後，透過「為善」的體驗，來激發同理心、感同於他人的遭遇，再回饋而為持續行善的動力，不斷將生命向上推升，邁向更高的至善境界。

另外，在發展生命靈性的過程時，為了讓生命圓滿，我們還必須學習「愛」的議題，體會從付出當中實現愛與被愛的方法。每個人的生命裡都有愛，但我們未必皆懂得如何去愛？如何接受愛？要避免錯愛、假愛、亂愛等等以愛為名，行傷害之實的行為出現，便需要培養「愛與被愛的能力」。

然而，就像我們之所以學習寬恕，是因為有人犯了錯，學習愛的議題則必須從「感同身受」的地方切入，從「體察痛苦的意義」中開始：在不同的人生階段，我們都會面臨不同的挑戰，一個人能否成長，是否可以從中看到生命的價值與意義，體會愛與被愛的偉大力量，就看我們處在這些挑戰時，如何展現潛能？能否為理想展現「知其不可

最印象深刻的我想就是「在每個人身上看見神看見佛看見人」。事實上，在學期末時
老師規畫了一個很有意義的活動，他要我們用4週的周記把對班上同學的
想法和優點表達出來，做為這個原則的一個具體實踐，也為這一年來的活動
做個結尾。老實說，我碰到了很多的困難，其中一個困難就是把真心話完
整表達出來，可能怕會傷到別人，正當我決定照實表達出來時更大的問題又
出現了，對於有些人，尤其跟自己越好的人，我根本不知道該如何下筆，我
自認為很了解他，可是事實上並不全然，就因為太好，才無法從旁觀者
的角度仔細觀察，因此，那一個月，雖然只有一個月，我重新觀察了更多人
，用旁觀的角度重新看待，真的，我看到了很多平常注意不到的事。寫別人
是很困難，但收到別人寫我卻很感動，在那封信裡，我也重新審視了別人
眼中的自己，也發現到了自己平常注意不到的自己，這麼說雖然很奇怪，但就
像是你同時照40面鏡子卻發現每一面長得都和自己不一樣，但是是同一個人，
老師在這個時刻安排了這個活動，我看到了別人，而我又看到了別人看到的我，這
很有趣，也很有意義，這一封信我一輩子都會記得的。

而為之」的堅毅態度？能否為夢想付出堅持？

透過以上種種的學習與體會，我們了解：每個人都有「超越自我、追求真理、提升美善與靈性生命」的自我期許，因此，生命教育課程就是要幫助我們突破生命的有形限制，體察內心深處的生命智慧，進而超越有形限制，將生命向上提升至永恆的美好境界。簡言之，它幫助我們從生活中滌除讓心靈迷執、沉淪的不良習氣，幫助自己與他人，在人格統整的基礎上實踐圓滿的人生。

綜合以上的說明，我們可以摘要「人格統整與靈性發展課程」的重點如下：

1. 強調身心靈的整合。
2. 重視知行合一。
3. 從良知培養學生「為善的勇氣與意志」與「感同身受的能力」。
4. 體察痛苦並培養與之共處的能力。
5. 培養愛與被愛的能力。
6. 展現「滌盡心靈，持續更新」的能力。
7. 努力做到自我超越，也就是「知其不可而為之」為理想奉獻的生命態度。

可是，如果這些有關靈性成長的課程，不能落實在生活中，不能讓人學習如何從生活中去反省、成長，而只是停留在教室裡，只以蜻蜓點水式的「課堂上講授、影片欣賞、心得寫作、體驗活動」等方式存在，不但可惜，也無法帶來深刻的成效。反之，如果我們能將這些靈修課程的意涵內化到生命中，並化為具體的方法，這才能真正達到當初規劃這個課程的美好用意。

內化到生命中的六個靈修原則

靈修的原則本來就可以很多元，不同的文化思想與宗教背景，人們生命中的靈修原則很可能就有所不同。不過，為了配合高中生命教育課程的實施，我們採用台灣大學哲學系孫效智教授（註），針對「人格統整與靈性發展」課程所提出的六

註　孫老師曾經在台灣大學的通識課程裡，實際帶領台大的學生進行這樣的靈修，並將上課學生的心得整理成一本《台大學生的生活筆記——靈修六原則》，由聯經出版。孫老師在每一個靈修主題之前都有一篇精彩的分享文章，配合上同學們在生活中的靈修心得，內容很豐富。有興趣的讀者可以多加參考。

個靈修原則：

一、第一個去愛、第一個去給：這個原則源自天主教普世博愛運動的「愛的藝術」，他們相信愛不只是友誼或感情用事，而是本於耶穌的：「你們應該彼此相愛」，而表達「愛」最直接的作法便是不等待、不猶疑，第一個去付出。

二、給人信心、給人希望、給人歡喜、給人方便：這四點是來自佛光山的信條，表示主動、無私的付出就是愛或慈悲最核心的精神。

三、緩於發怒、敏於寬恕、勇於道歉：這個主題談的是人與人之間傷害與被傷害的應對之道。

四、誠意正心、戒慎恐懼：這兩點結合了儒家的思想，前者來自《大學》，後者出於《中庸》，二者都表達出修養工夫要在日常生活的「視聽言動」之中。

五、擇善固執、不變隨緣：這兩個則結合了儒家與佛教的智慧，前者是《中庸》的「誠之者，擇善而固執之者也。」後者則是《大乘起信論》的「隨緣不變，不變隨緣。」這個靈修原則可以幫助我們培養堅毅的態度，去堅持生命的價值，並且可以更有智慧與方法實踐生命的價值。

六、在每一個人身上看見神、看見佛、看見人：這個原則出現的「神、佛、人」三個跨東西方文化的語彙，目的是在幫助我們以自己所相信或熟悉的方式，去肯定人的尊貴與神聖。

這六個原則融合了東西方的宗教靈修原則，也加入了儒家思想重要的修練工夫，具有跨宗教及跨文化的精神。

在日常生活中實踐靈修 3

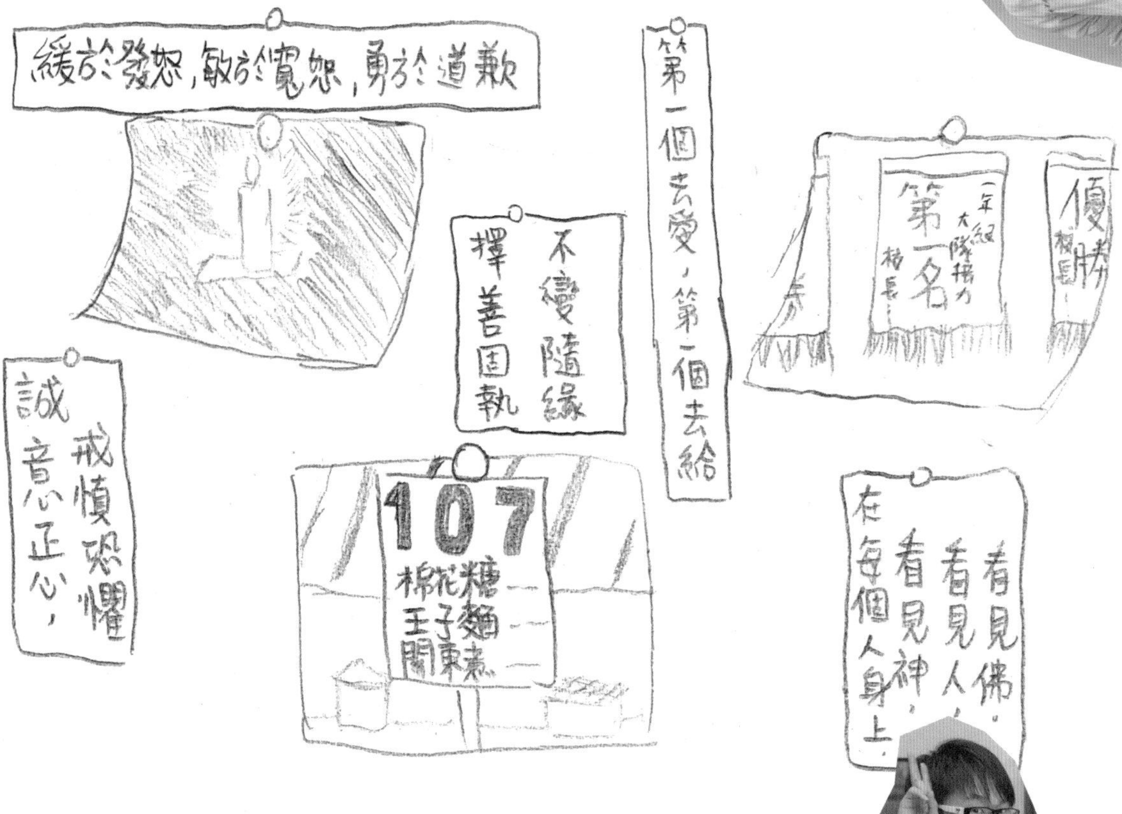

緩於發怒，敏於寬恕，勇於道歉
第一個去愛，第一個去給
第一名
一年級 大隊接力
校長
優勝
不變隨緣 擇善固執
誠意正心，戒慎恐懼
107
棉花糖 王子麵 關東煮
看見佛。看見人，看見神，在每個人身上。

國小、國中就常常聽人家在講靈修，到了高中才有機會比較深入去了解、去實行，比如行善，大家都很常談，可是真的要去做、去實踐它，通常勇氣都不太夠，透過靈修的課程，我開始會在人家需要幫助時，盡量去幫助他，雖然有時還是會猶豫一下。

韋廷

生活即靈修的道場，只要我們願意，真心想要讓生活中的幸福源源不絕，任何人都可以在日常生活中實踐靈修，從中累積心靈的成長、找到安身立命的價值，但相較於擁有宗教的核心價值、嚴整儀軌、教友互相提攜的教徒們，一般人在進行靈修時，確實比較難以堅持下去，成果也可能比較小。不過，如果我們真心願意改變自己，那麼透過家人、朋友的幫助，雖然慢些，最終還是可以細水長流般地慢慢朝對的方向走去。

靈修的操作方法

靈修，其實沒有一定的途徑與限制，只要把握住大方向，即「學會付出，懂得檢視自己生活中的言行，用心而真切地面對、改正問題，進而回歸到自己的靈明深處」，方法可以很多元。在本章，我們所提供的靈修操作方法，主要是以學校活動、以學生為主體，如果類比一下，老師、家長們應該也可以很容易在個人及家庭的生活中，找到修練的方法。

當然，若是講方法、論理解，大人是比孩子強，但真要比「具體的生活實踐力」，就未必勝過孩子了。因此，我建議家長、老師在靈修時，最好能從自己生活的言行反省做起，孩子們不但比較容易接受，也比較願意去試試看。

靈修的操作方法，包括：A靈修準備、B熟悉原則、C靈修對象、D規劃配套、E標示主題、F解說主題、G不斷提醒、H傳閱文章、I班會討論、J日常溝通、K週記

這一年來我的感想就是：孩子受到的社會污染比較少，反而比大人更具有實踐力。所以，我除了想建議家長、老師一起來靈修，共同來經營美好的人生，也想提醒老師、家長們，在介紹靈修主題時，最好能從自己生活的言行、具體的事例反省做起，如此，孩子們比較容易接受，也比較願意去試試看。

寫作、L不斷鼓勵、M生活應用、N分享討論、O親子互動、P生活反省、Q不斷堅持、R培養助緣、S放下靈修。

A・靈修準備

請詳讀第二章的靈修六原則，好好想過一遍後，在推動之前，最好能以一週、半個月的時間，事先在自己的生活中實際操作、體驗一遍，尤其是「深刻體驗」最為重要！

B・熟悉原則

靈修的原則，雖然並不限於這六個，但是在尚未完全掌握前，不妨先以這六個原則來操作會比較容易，除了要熟悉到可以在生活中隨手拈來外，還必須多方應用。

C・靈修對象

相較於其他動物，人類具有羞恥心，我們存有「反省與節制」的能力，所以會想要減肥、對於時間的消逝會後悔而想辦法去改進、會訂出各種規範來約束過度的動物性慾望與行為。而在日常生活中靈修，就是為了彰顯這些我們原本就擁有的，自我反省與節制的能力。

然而，不論是誰在進行靈修，除了自我的用心投入之外，通常也需要旁人的督促，尤其是年紀小的孩子，更需要大人的幫助，因此，參與靈修的對象，應該包括了家長、老師與孩子們。

我實際的經驗是：有許多事情，大人們都認為小孩不懂，事實上，這些事情卻早已深植在他們的生命之中了！因此，我認為靈修最好從小就開始，越早開始鍛鍊，阻礙靈修的障蔽就越少，不必擔心小孩子能不能「理解」，因為理解是「心知」的問題，而靈修面對的則是「身心統整」的問題，小孩或許理解力不夠，但是他們「記憶力」強，不但會記得這些學習的內容，還會開始受到影響，所以越早開始效果越好。

如果不能從小開始，那麼，就從知道靈修的那一刻隨時開始吧！

D・規劃配套

在學校的老師，可運用相關的書籍、文章、學習單、週記、共讀、班級活動等項目來帶領學生一起進行靈修，至於該有的說法，該準備的表格、問卷，最好事先都規劃、準備好，尤其是心靈上的準備更為重要，師長們若能以身作則，影響力最大。

家長們可以參考老師的做法，用心學習，建立家庭的共同信念，隨時自我要求。沒有人是天生稱職的雙親，一般都是從小孩出生起，父母親才開始學習當爸媽的，因此，在與兒女互動的每個階段，都必須保持學習的心態。

接著，則是必須牢記夫妻兩人當年結婚時的強烈情感連結與共同信念，不斷彼此提醒莫忘初衷，並且將它們擴及到孩子身上。以我自己為例，當我與內人在結婚之初就約定好，不論我們之間有什麼爭執，前提都必須是為了這個家庭更好，因此盡量不要說出傷害對方與家庭的話，攻擊性的話尤其不能說；有問題時，不論是當下或之後，一定要耐心解決，不要翻舊帳；再大的困難都必須真心討論，不可以動不動就說：我們離婚算了！

最後則是自我要求，許多老師們共同的心得是：「什麼樣的父母，就教養出什麼樣的孩子。」簡言之，出現在許多孩子身上的各種優劣行為，在了解學生們的家庭狀況之後，多半都能找到原因。如果家庭教育夠用心，即便環境不夠好，孩子的抵擋力量也會很強，就怕問題不在學生，反而出在家長本身的反省力就不夠。因此，對於孩子的教育，與其刻意規劃、安排任何成效未定的各種才藝學習，還不如每天默默地用自己良好的生活習慣、人格特質與價值抉擇等身教來影響孩子。

E・解說主題

解說靈修主題時，重點不在於定義它，而是在於如何以具體的方式來詮釋主題的內容、說明進行主題的方法。例如我在介紹「第一個去愛、第一個去給」的主題時，就說：「來到新班級，大家有沒有觀察到什麼事情是你可以『第一個』去做的？」如果有同學發言，不論如何，應該都給予鼓勵，並鼓舞其他同學繼續討論，再將他們舉出的事情寫在黑板上，接著，再問有誰願意第一個去做？如果學生的反應是冷淡的，老師可以舉些例子，例如：「早上一進教室就主動打開窗戶、朝會集合的時候互相提醒、上課了主動去擦黑板、做班級籤筒、座位表、建立班級網頁等等。」

這些例子不用一次都講出來，先拋出一兩個例子來帶出同學的討論即可，然後問問同學：有誰願意去做？還有什麼事情可以主動去付出呢？

等到開始實踐了，再來討論反省。

F・標示主題

在解說靈修主題之後，可將這些主題寫在黑板的邊上，讓大家每天都看得到。當然也可以用其他的方式呈現，像是寫成大字報、以電腦製作海報、以書法寫出來做成掛軸等，只要能讓大家天天看到，哪一種方式都很好。在家裡當然不必如此，家長可以加以變通。

G・不斷提醒

在標示主題之後，還必須不斷提醒大家去實踐。以「第一個去愛、第一個去給」的主題為例，可以提醒學生們在哪些地方可以做到，比如主動為別人付出，主動關心家人同學，主動幫忙幹部，主動教同學功課，關心早上遲到沒來的同學，照顧班上適應不良的同學等等。另外，除了提醒自己與學生在行為上努力實踐之外，還必須在想法上作出反省：為什麼自己做不到？為什麼知道要做，卻在行為上無法實踐？再請同學比較付出行動的前後，心態上有什麼差別？用心覺察行動之後，所帶來的生活變化，並記錄下來。

H・傳閱文章

多收集與靈修主題有關的文章分享給同學，一方面可以幫助學生理解靈修主題的內涵，一方面也可以培養學生的閱讀能力。這些文章只要與靈修有關即可，倒不必太在意作者文筆的好壞，也不必期望一篇文章就能涵蓋所有的靈修主題，或圓滿的詮釋某個靈修主題。

老師可以製作一張號碼單釘在文章上傳閱，待同學全部閱讀完後，再交代幹部回收即可。家裡的成員閱讀到好的文章時，也可以用這種方法轉給其他家人閱讀，再利用吃飯、休閒時間，分享、討論彼此的閱後心得，或者，也可以用社會上發生的事件當作主題，並試著將情境轉換成家中的情況，討論出最適合自己家人共識的處理方法。以上這些生活上點點滴滴的分享和討論，其實就是很好的靈修活動。

I・班會討論

學校的「班會課」，向來是導師們進行靈修活動的重要機會。以本校為例，我們的班會課所討論的主題是：我們為什麼要公共服務？為什麼要幫助別人？如何尊重他人、兩性相處、生涯規劃、時間管理、身心健康等議題，幾乎都與生命教育有關。除此，我也會將學生日常發生的事情，或是《叔公的理髮店》、《最想做的事》等繪本，以及「黑暗中追夢」、「俊翰的故事」等影片，列入班會中的討論主題，並在每次討論之後，請同學們將心得寫在週記上。一方面是為了讓學生多練習寫作文，一方面則是希望透過寫作，督促同學們深刻地反省課堂上所討論的主題。

當然，家中不會有班會課，可是如果能定出一段固定的家人聚會時間，也就可以做類似的安排了。

J・日常溝通

在平日，老師可以利用各種機會與學生分享生活中的觀察與靈修心得，同理，家長當然也可以找機會分享個人「反省與改進」的心路歷程，並以此鼓勵孩子學習自我反省。這種身教式的反省是很重要的，因為許多家庭在發生事情、遇到問題時，往往就是吵一下、冷戰幾天就算了，雖然當下冷靜，不讓事情往負面的方向擴大是好的，但在事後，大家如果不懂得用心反省、面對、處理問題，這些「衝突點」非但沒有解決，反而會越積越深。

目前看來，大部分家長與青少年的溝通普遍不良，這樣的狀況源自於孩子與家長的生活重心、目標原本就不同，對於彼此關心、在意的事物，也缺乏「理解與掌握」的時間和心力。因此，為了增進親子關係，居於主導的家長就需要更多的耐心，並且「誠意正心」的反省自己：要的究竟是什麼？

例如有些家長明明就很在意功

課與成績排名，卻假裝不在乎！而孩子其實是很敏感的，父母如果口是心非，孩子在面對成績這個問題時，就會無所適從；例如家長會擔心孩子的安全，但與其只有禁止或贊成兩種選項，還不如主動思考：如何幫助孩子學習保護自己？什麼樣的機會適合孩子學習？同時，也要讓孩子清楚的知道：父母親確實是在充分理解孩子想法的前提下，在思考問題的解決之道。若擔心的問題無法解決，當家長不同意孩子的要求時，孩子也比較能夠理解父母的用心，親子關係也不會受到影響。其實，只要家人間能彼此感受到深刻的愛，包容的能量夠大，就可以建構一個學習型的家庭，讓家長與孩子在面對日常生活的事物時，都可以在靈修原則的引導下，做出比較好的處理，讓生活變得更好，讓幸福越來越多。

K．週記寫作

我一般都會請學生在週記上分享具體的靈修心得，寫下他們反省所得與生活的覺察。但因為有些同學不一定能掌握靈修的重點，因此，我也會訂出與靈修主題相關的題目來幫助同學反省，例如針對「誠意正心、戒慎恐懼」，我就會訂出「最近做過什麼令自己後悔的事情？」、「最近做過什麼衝動的事情？」等配合的題目，幫助同學透過寫作來思考，體會這個靈修主題的意涵。

其實，老師們不需要講太多道理，而是要提醒孩子們務必誠實面對自己的生活言行，並且要求他們在寫週記時，具體描寫自我反省的心路歷程，老師給的回應也不會是批評與指責，而是鼓勵與肯定。例如我會告訴他們：事情發生之後，我們不能只停留在知道對錯、應不應該上面，而是要能夠深刻反省，並思索同樣的情況若是再發生，自己能不能以情緒來處理事情，而是將自己提升到靈性的層次，進一步的提出改進方法，之後，還要用心的追究自己有沒有確實改正。

我會保留每學期的學生週記，再拿給家長看，目的絕不是為了讓家長藉此窺視孩子，而是為了幫助家長從不同的角度來看孩子、更加了解孩子，並提醒家長檢視自己的管教是否得當。過程中，我也會提

醒父母：閱讀孩子週記的出發點是因為愛，是真心想幫助孩子，而不是為了找到什麼證據來追究孩子的問題。因此，不但不能為了孩子只跟老師分享卻不跟家長說而生氣，還要主動多與老師溝通，如此，才讓「閱讀孩子週記」成為家庭靈修的好途徑。

L・不斷鼓勵

對於表現優良的同學，我會隨時給予鼓勵，通常都是用直接而適時的口頭鼓勵或公開表揚，在孩子們表現極佳時，我也會給出更具體的鼓勵，例如請他們吃東西、帶他們出去玩，然後在活動中將靈修的義涵設計在其中。例如有一次我請他們吃披薩，就將「第一個去給，第一個去愛」、「給人歡喜、給人方便」的精神放在其中，規定他們

只能拿披薩給同學吃，不可以拿給自己吃。

鼓勵的方法有很多，不過，我不建議使用利益交換，更反對在孩子們要做之前，就先開出金錢利誘等條件，因為，靈修是很純粹的，是為了讓自己得到生活的幸福，完全不需要別人開出什麼條件來引誘，除非，我們不想要生活幸福！

M・生活應用

在此，提供一些生活應用的靈修實踐方式，老師、家長則可以加以類比或轉化，自行創造出適合自己使用的方式。

（一）第一個去愛，第一個去給：我們都希望享受到成果，但總要有人去第一個付出，因此在做家事或打掃活動時，就很適合鼓勵同學們去做那「第一個」。除此，在親子互動中，也很適合由孩子們發起主動「寫信給家長」。我會請學生寫下他們對學業、社團、生活等各方面的安排現況，以及希望從家長那裡得到怎樣的幫助，然後在家長日當天交給家長。接著，再請家長回信給孩子。我會提醒家長在信中不要以指責、督促或要求的口吻，而是以信任、鼓勵的角度來寫信，誠如德蕾莎修女說的：「愛是在別人的需要上面，看到自己的責任。」寫完後，可以放在孩子的桌上，或交由導師轉交。

（二）給人歡喜、給人方便、給人希望、給人信心：這個靈修主題的關鍵在於「我需要鼓勵，其他的人也與我一樣；我需要歡喜、方便、希望、信心，其他人也一樣。」因此，在學習時，我們可以鼓勵孩子教同學課業，不要只看考試成績；在參與合唱比賽、大隊接力、園遊會等團隊性活動時，要把這個靈修主題的精神融入其中，不要只專注在自己身上。總而言之，在做任何事時，我們都要先考慮到別人、設身處地為別人想。經過第一個靈修主題的練習後，我們應當更能做到，那麼就從自己先給、先做吧！

（三）緩於發怒，敏於寬恕，勇於道歉：這個靈修的主題是在

成果的主題。原來的我總是很被動，因為怕
想主動去幫助別人，但是後來漸漸會先去
邊的人，主動問媽媽身體有沒有好一點，
交代，主動為表姐打氣，提醒信心不

鼓勵我們擺脫以負面情緒處理事情的習慣，讓人們的各種美善德行發揮出來。至於訣竅則在於「立即、適時的提醒」，例如當我看到學生因為辦活動、生活的小事而面臨衝突爆發的當下，我就會適時提醒他們：「緩於發怒」，幫助同學們冷靜下來。經過一天又一天不斷的鍛鍊，時間久了，同學遇事也就比較不容易動怒了。

在家裡也是如此，如果平常就能夠體會「以負面情緒處理事情」所帶來的負面影響，那麼當情緒來的時候，彼此提醒「緩於發怒」時，就會很有效果了。當然，身為師長的我們，最好能以身作則、努力修練，就算做不到「完全不生氣」，也要盡量學習將怒氣緩和下來，讓寬恕之心開始萌芽，最終才能夠做到勇於道歉。

（四）誠意正心、戒慎恐懼：這個靈修的主題，最適合應用在學生的作業寫作、檢查與考試成績上，因為學校的考試卷常常由同學交換批改，回家作業的檢查也經常由同學負責，若真的懂得愛同學，就應該誠意正心地去做，而不是包庇同學。這個主題的練習，也是為了讓同學們瞭解：家長與他人的信任，來自於我們平常在生活中所累積下來的表現，有其嚴肅的因果關係。懂得這層道理，我們在處理事情之前就更能夠誠意正心、戒慎恐懼，長期下來也就能建立起我們的信譽。

在學校裡，有時會發生同學作弊被抓的事件，有些人會辯稱自己是因為擔心成績不好會被家長罵，所以才作弊。其實真正的原因，是他們學習時沒有戒慎恐懼、不夠用功，考試時不夠誠意正心。但身為家長也要自我反省：為什麼我的期待與要求會成為孩子作弊的藉口？若家長只看成績而不管孩子的學習情況，在某種程度上，是否已成為逼孩子作弊的兇手，卻不自知？

（五）擇善固執，不變隨緣：這個

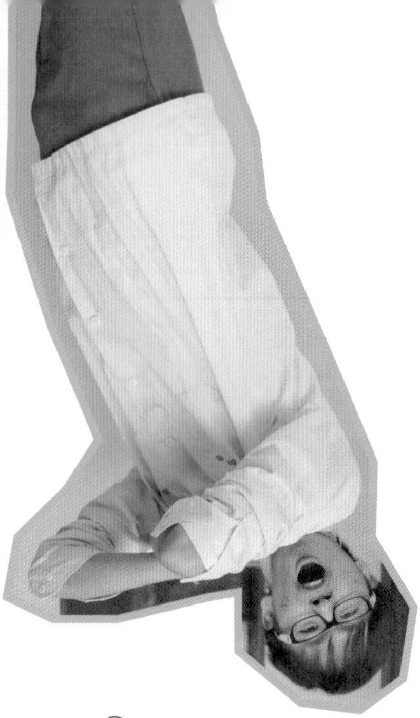

靈修主題在提醒我們，一方面要理解生命的變動不居，一方面則要用心堅持人性良善的價值。老師和家長可以與孩子分享自己生涯的規劃與抉擇，並以某些不是一帆風順，卻能在遭遇挫折時，懂得在目標上堅持，在心態上調整，在方法上找創意的名人為例，例如吳寶春、王建民、賈伯斯等人，了解他們在成功之前，是如何堅持理想？在遭遇挫折時，是如何調整步調，最後終能邁向成功的？但千萬別逼孩子一定要去學他們！

在目標與方法之間，何時該堅持？何時該調整？不是一件容易立即作出判斷的事情，需要我們不斷用心修練、累積經驗。尤其「擇善固執」需要強大的意志力，「不變隨緣」則需要很高的智慧，兩者都可能因為太堅持「固執、不變」，而忘了目標其實是可以分階段來完成的，不妨以「擇善隨緣、方法不變」作為過渡時期的選項。不過，也需要注意到不能隨緣調整到忘了自己的初衷，反而阻礙既定目標的完成。

（六）在每一個人身上看見神、看見佛、看見人：在進行前面五項靈修主題的練習時，我們應該多少都能夠體會到「自己與他人都是有限的、都會犯錯，但也都有美好的德性與善行。」因此，當我們以這樣的眼光去看待每一個人時，就更能夠體諒他人、同理他人，也會發現其實每個人都需要修練；另一方面，當我們「練習越多、靈性成長越高」時，也更能感受到、看出來每一個人身上所具有的靈性之美，進而更加喜悅地在生活中尊重每一個人。

N．分享討論

為了鼓舞與啟發同學，在課堂上，我經常會請同學分享他們的靈修心得，並且特別著重在過去與現在的比較、感受、變化。上課時，也會刻意放入與靈修相關的討論題。雖然相較來說，國文科的老師確實比較方便在上課中融入靈修主題，比較有機會讓學生分享自己的生活心得，反省自己日常的言行。其他科的老師則可以就生活中的各種事件去作發揮，只要不是批評、謾罵，應該也能引起學生分享的興趣，促進師生之間的互動，進而達到靈修的目的。

家人的靈修分享也是如此，不必很正式、很嚴肅，不妨利用吃飯、出遊、休閒時間來討論生活裡發生的事情、學校裡遇到的事情，只要彼此都用心，就有助於靈修。

O・親子互動

在高中階段，親子關係往往會發生重大改變，一方面，孩子會因為同學活動、朋友出遊、社團活動、學校事務等原因，逐漸將生活重心移向家庭之外；另一方面，當小孩升上高中後，家長不太容易像中小學時期那樣高度參與校園活動，再加上依賴聯絡簿來與導師聯繫的管道也消失了，讓不少家長感覺自己與高中的兒女似乎經常處於「失聯」的狀態。

因此，家有高中兒女的家長們，在平常時就應該要建立好溝通的管道，也要調整好自己與他們相處的方法與態度，尤其，要做到「不比較」。

以我個人的經驗來看，最難的部分正是「不比較」，因為大人總是喜歡提出批評的意見、喜歡比較，家裡的小孩可以相互比較，學校同學可以拿來比較，甚至不認識的人都可以拿來說孩子。其實每個孩子真的都不一樣，為人父母者，如果能用心看見這一點，欣賞孩子的與眾不同，進而幫助孩子認識自己的優點，培養他們的自信心，肯定他們表現優良的那一面，那麼，孩子必定能感受到大人的誠意，在進行親子溝通時，就會變得相對容易多了。

P・生活反省

為了讓學生理解並容易進行，學校安排的靈修主題有其一定的順

序及修練的時間，然而，六個靈修主題其實環環相扣，不但需要在生活中隨時運用，並且，需要不斷地循環修練，最後，才能融合、內化為生活習慣的一部分。

許多人都會問：「品格教育能教嗎？要如何教呢？」我想，靈修課就是最好的品格教育，它有別於課堂上的專業教學，沒有一定的時間和內容限制。生活中發生的任何大小事，只要與靈修有關的內容，隨時都可以提出來討論。老師著重的也不在說道理，而是以身教的方式，讓同學們透過反省，在潛移默化、漸習薰陶中，養成他們的人格教育。

為人家長者，可以怎麼做呢？我給家長的建議是：務必先用心體會並實踐靈修主題，然後將心得融入在生活中，可以隨機在各種適當場合與家人進行分享，也可以趁著家人固定的相聚時機或場合，分享自己實踐靈修的心得，或者提出各種主題來討論。例如家人之間有沒有主動為對方付出？有沒有彼此鼓勵？遇到衝突有沒有「緩於發怒、敏於寬恕、勇於道歉」？做錯事能不能「誠意正心」改過？遇到挫折能不能「擇善固執」？

許多家長最傷腦筋的事，莫過於孩子到了深夜還在上網，一般情況下，家長通常都是直接發出命令、要求孩子關機，更嚴厲的家長，甚至會關閉家中的網路，或者開始限制使用時間。孩子雖然只能接受，卻在心中充滿了怨懟，親子的關係也會因此變得很糟。

其實，家長若能做到「緩於發怒」，先去理解孩子這麼晚上網的原因，是為了寫報告、排解無聊、紓解壓力，還是逃避課業的競爭？先聽聽孩子們的心裡話，接著，再讓孩子們了解為人父母反對的不一定是上網這件事，而是源於擔心，例如擔心孩子們這麼晚還在上網，會影響身體健康、學業成績，更憂心孩子們在網路上萬一交到壞朋友等等，只要雙方都願意放下情緒，就更能夠進行理性的、「誠意正心」的溝通，也比較有機會討論出讓彼此都認可的時間規劃、確立事情的輕重緩急，讓親子都能從中得到很好的成長。

Q‧不斷堅持

靈修，是對自我的不斷要求。因此，雖然有時候我們會覺得：為什麼別人不需要靈修？為什麼我要替別人著想？為什麼總是我吃虧？但既然已經決定要靈修，就不要因為他人的質疑或單一的負面事件而動搖。誠如蘋果執行長史帝夫·賈伯斯（Steve Jobs）的名言：「人生苦短，不要浪費時間活在別人的陰影裡；不要被教條困住，活在別人思考的結果裡。不要讓他人意見的雜音壓過自己的心聲。最重要的，有勇氣去追隨自己的內心與直覺。它們已經知道你真的想成為什麼樣的人。」

賈伯斯所謂的「內心與直覺」，並不是隨著物慾流轉的念頭，而是指生命的靈性呼喚。而靈修活動，就是為了幫助我們從日常生活的變動不居中，鍛鍊出分辨「流轉念頭」、「靈性呼喚」這兩者的能力，並培養出強大的意志力去聽取自己「內心與直覺」的召喚，再貫徹在自己的生命之中。所以，不管困難有多大，堅持下去吧！

R·培養助緣

為了增進靈修活動的多元性、趣味性，不妨多安排一些有助於靈修實踐力的活動，例如閱讀、聽音樂、看電影、旅行、登山、聽演講、參加成長研習營隊、宗教祈福活動、公益活動擔任志工、參與服務活動等等。以１０７的靈修為例，我們就成立了「全班共讀活動」來幫助靈修。

許多師長總是告訴孩子：閱讀具有力量！閱讀有助於考試、文學能力的培養、寫作能力的提升等等。這些說法，對於從小聽到大的高中生而言，既沒有說服力也沒有吸引力，也無法讓他們喜歡上閱讀。為了讓他們放下成見、打動他們的心靈，重新領受閱讀的樂趣，感受閱讀的力量，我設計了一個結合了生命教育靈修與閱讀活動的全班共讀活動，讓學生透過具體的閱讀、討論、分享，打開他們心靈視野，再落實在生活實踐中，拓展自己的生命格局。

S·放下靈修

最後，我想要提醒所有的老師與家長們：不必天天將靈修掛在嘴上，只要我們願意以身作則、用心去做，最後孩子們就會喜歡上靈修；不必把靈修搞得很嚴肅，因為每個人都會犯錯，但只要我們真心面對，每個錯誤都是教育的機會，都可以轉換為靈修天使；不必刻意強調靈修，因為這是伴隨我們一輩子的課題！

奕廷

學期已經快結束了，若真要說高中新生活有什麼特別的，大概就是靈修吧！這是以前未曾有過的經驗，進了107班我們不只鑽研學業，更學會探索內心世界、認真生活。老師還不斷鼓勵我們提出具體的方法，真正了解問題的意義是什麼！這幾個月來，老師讓我看見一個非常不一樣的世界。

4 給生活多一個選項

有一次，有位學生家長到學校來，她靦腆的說：「老師，我雖然沒有離婚，可是與先生已經分居十幾年了，我一個人帶這個孩子，先生在外面與別的女人同居。我很擔心孩子會步上我的後塵，年紀輕輕就交男朋友，還搞不清楚的時候，就懷孕、被逼著要結婚了。」

成為一個「好人」

我完全了解這位家長的擔心，因為她本身就是個受害者，她不想讓歷史重演。其實，這也是許多「家有兒女初長成」家長們的擔心，正

光哥

我覺得 107 班與其他班級的學生不一樣：他們看到生命靈性的力量、願意面對自己的錯誤與不足、他們會互相責善、彼此共勉、會學習控制自己的情緒、會努力的想去幫助同學、用心的與家長分享成長、會因為靈修而看到生命不同的格局！

因為擔心問題發生，卻不知道該怎麼幫助孩子，乾脆就禁止孩子交朋友了。可是，我們要禁止到什麼時候呢？

有家長說：「等到讀大學就可以了！」

我總是反問：「為什麼讀大學就可以了？你為什麼認為兒女年紀到了，就自然會處理這些事了呢？為什麼升上了大學，原本擔心的問題就變得不重要，甚至就自動消失了？」

還有更奇怪的想法：「我擔心女孩子，像我們家兒子，我就不擔心！」

我會提醒他們：「如果每個家庭都把男生教好，女生何必擔心被欺負呢？」

我常在想，如果我們能在這個時期，就教孩子「戒慎恐懼」、「誠意正心」、「擇善固執」、「不變隨緣」，那麼，在處理男女生之間的互動，是不是會比一味的禁止要好多了呢？至少，她們可以有許多學習的機會，學習到如何選擇對象、保護自己的能力，這不是更好嗎！

許多家長的另一個關心重點則是兒女的課業成績，他們甚至以為只要成績好，能考上好學校，將來的一切都沒有問題了。可是，高學歷並不等於有生活能力，並不是功課好的人就有能力處理好感情、婚姻及家庭等等問題。知名的作家王文華先生曾經寫到：「我有四位建中的同學，畢業後二十年內都自殺了。他們當年都是明星學生，如今卻是社會版的一條新聞。為什麼？」因為「沒有人教過他們：考試的滿分，跟學習的滿分、工作的滿分、人生的滿分，是完全不同的事情。它們需要不同的條件、心態和能力。」我們當然不是在否定成績好的人，但我們也必須承認，成績不能代表一切啊！

許多家長因為擔心孩子的未來，努力要求孩子學習各種知識技能，卻忽略了所謂的美好人生，並不是只需要培養知識技能，還要有高EQ、良好的品德、健全的人格。

網路上流傳一段影片「Did You Know?你知道嗎？」，主要是說明這個世界因為電腦、網路的發達，出現的許多巨大、快速的變化，其中一段是說：「二〇一〇十大迫切需要的工作，在二〇〇四年是不存在的。那意謂著現在的我們，正在教導孩子們迎向尚未存在的工作、使用尚未發明的科技，以解決那些我們甚至沒想過的問題。」正因為世界的變化是如此的劇烈，我們如何還能掩耳盜鈴，自欺欺人，相信只要課業成績好、擁有許多技能知識，就可以為將來打下良好的基礎？所以，如果師長們不希望歷史重演，希望孩子可以更好，那麼就應該更用心思考，努力尋找方法，幫助孩子建立正確的人生觀與價值觀，讓他們成為一個「好人」。

打造未來的美好人格

人的身心靈發展，原本就會出現步調不一致的情況，就高中生而言，他們比較常出現的狀況是：一方面，心知的理解較快，所以容易發生「自我感覺良好」的情況，他們開始覺得自己是個大人了，希望自己作主，規劃自己的生活，因此不喜歡別人碎碎唸；另一方面，由於行為跟不上心知的理解，所以容易出現說一套做一套的落差，讓大人生氣，讓父母親叨唸！

就家長而言，父母親的心理也是充滿了矛盾，一方面認為孩子已經是高中生，自然而然地想要放手，另一方面卻發現孩子缺乏教導的結果，表現不如自己的期望，雙方的認知差異越來越大，父母也就越來越沒信心放手了。

沒錯，小孩不會一夜之間長大，不會因為穿上高中制服就變得成熟穩重，特別是靈性方面，更不可能一下子就成長。所以，在這個階段，為人師長的人應該要特別用心幫助孩子，進行身心靈全面的學習。可是，我們的關心多半停留在身心兩方面，甚至只全心關注課業，只以成績好壞為標準，仍以教小孩的方式在面對高中生，並且，不承認或不自覺自己有這些偏差的狀態。這種心態和作法，正是造成青少年時期親子溝通有隔閡的重要原因。如此說來，不但高中學生需要靈修，家長其實也需要靈修！

作為一個盡責的師長，我們要幫助孩子面對的，不是只有現在，還有未來，我們要幫助孩子學習的，是一生受用的人生資產，不只是課堂學業，還有許多的知識能力，以及更根本的靈性成長。因此，如果相信：學習是為將來做準備，師長們就更應該把眼光放遠，以更開放的心態、更高遠的格局來面對孩子的成長。例如為了將來的工作需要，除了督促孩子取得文憑外，是不是也應該培養他們人際關係的能力？為了將來能找到可以陪伴終身的伴侶，是不是也應該及早讓他們學習如何與另外一半相處？

給生活多一個選項

這一年來，每當我介紹這樣的靈修活動給朋友時，他們總會問：「學生靈修的成果如何？他們與其他的高中生有什麼不同？」

我的觀察是：他們就是一群可愛的高中生，也會犯錯、也會出現一些幼稚的行為、也會有一些熱血的表現、也會有衝動的時候，甚至心急了，髒話就脫口而出。可是，他們與其他班級的學生不一樣的地方是：他們看到生命靈性的力量、願意面對自己的錯誤與不足、他們會互相責善、彼此共勉、會學習控制自己的情緒、會努力的想去幫助同學、會用心的與家長分享成長、會因為靈修而看到生命不同的格局！

我們要呈現的不是靈修有多少成果？我們要分享的是：如何誠實面對生活？以及我們因為靈修而得到的成長喜悅，並邀請大家一起參加靈修。將靈修當成我們人生中的一個重要選項，在面對生活中的「金錢、利益、名份、地位、自我滿足」等等抉擇時，多一個生命教育的、倫理的選項。接著，再從這裡開始，在生活中，逐漸加入「正義、勇氣、慈悲、助人、節制、謙卑」等等美德，讓人與人之間因為彼此的美德而得到最大的善報，最終構築成一個不再患得患失、不受外在變動影響，而是讓內心充滿平安、符合人性價值的人生。

在 107 中，什麼事都可以攤開來講，靈修過的大家會想出好方法解決，利用「和氣、有風度的溝通」取代以往「失去理性的互嗆」。我覺得，靈修就是一種檢視自己成長的過程，學習思考的方式，發現自己內心中真正的想法，正如孟子所說的「求其放心」！

范姜

體驗心生活

由於班級人數眾多，為了呈現靈修活動的歷程，以及同學們投入靈修所感受到的成長與喜悅，所以我們分工合作：成立寫作組，由擅長文字的孩子負責撰寫；成立採訪組，讓喜歡與人互動的孩子們負責採訪同學、家長、老師的工作，並將資料提供給寫作組；成立美編組，由對藝術有興趣的孩子加入這一組，負責相關的美編工作。因此，讀者雖然只看到部分同學的文章，卻是全班共同投入的成果。

話說回來，雖然我們沒有很多具體的靈修成果，可是我們願意分享，因為我相信經過這一年的努力，學生們已經開啟了這一扇通往「心」世界的大門，讓自己變得很不一樣。

在 107 中，我比較想要呈現的重點是靈修活動的歷程，是同學們投入靈修所感受到的成長與喜悅，並不刻意強調成果！但是，話說回來，過去這一年的努力，同學們雖然沒有很多具體的靈修成果，卻變得更加願意分享，我也相信，大家都已經開啟了這一扇通往「心」世界的大門，每個人都變得很不一樣。

光哥

同學的體驗

靈修就是生活

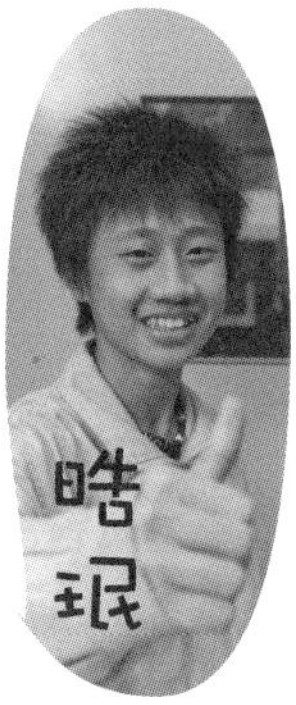

經過這一年的靈修之後，我想我了解了什麼是靈修？簡單來說，「靈修就是生活」，它不是什麼宗教，它是一種生活模式，是讓你活得更有意義的生活方式。

老師在設計靈修活動時，花了很多心思，一年下來換了六個原則，每個原則都有它使用的時機，在大家都還不熟時該用什麼原則，很熟時又會有另一個原則，老師把六個原則的順序說給我們聽時，我也嚇了一跳，原來順序之中還藏有玄機，怎麼排能最有效率都有花心思。

還有一個部分我很喜歡，就是寫週記，週記就像是成果發表，讓自己透過文字的反省，知道自己實踐了什麼？難以突破的又是什麼？當然，這也是讓老師知道我們靈修狀況的一個重要管道。這麼多的精心設計，讓我們在生活之中就能靈修。我想，一年下來最大的收穫就是這個，至少靈修幫助我找到了生活的目標。

靈修，讓我的眼光放遠

雖然「靈修」聽起來有點虛無飄渺，甚至有點宗教的感覺，但這其實是一個具體的活動。沒有考試，沒有分數。沒做到或是沒參與也不

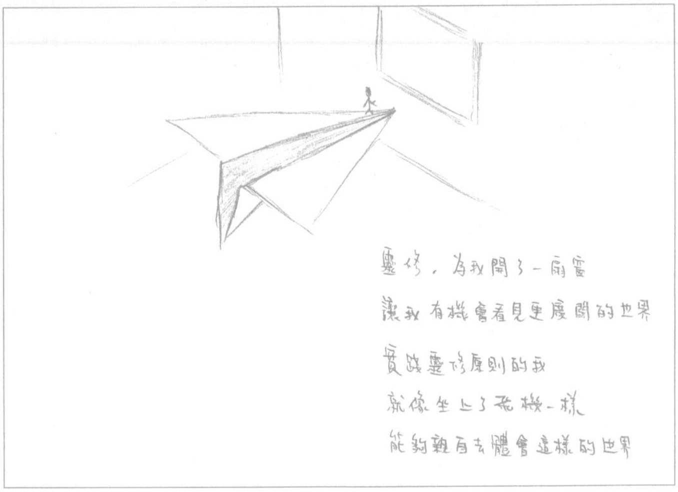
靈修，為我開了一扇窗
讓我有機會看見更廣闊的世界
實踐靈修原則的我
就像坐上了飛機一樣
能夠親自去體會這樣的世界

需要受罰，但必須在週記上誠實的反省自己，承認自己無法知行合一的事實。

靈修才一年，效果卻十分豐碩。大家和諧的相處了一年，雖然免不了一些小衝突，但是在靈修的影響下，過去的不高興都成了今日的成長的動力。在107中，什麼事都可以攤開來講，靈修過的大家會想出好方法解決，利用「和氣、有風度的溝通」取代以往「失去理性的互嗆」。我覺得，「靈修」就是一種檢視自己成長的過程，學習思考的方式，發現自己內心中真正的想法，正如孟子所說的「求其放心」！

允真

體驗「心」生活

我對靈修的看法，就是「改變角度，看待一切！」

第一次從光哥口中聽到「靈修」兩個字的時候，心中確確實實的被錯愕填滿。那時會覺得，一個十五、六歲的高中生，到底可以從中了解多少道理，又如何加以執行？

在我不斷質疑時，老師已經開始說明屬於我們的第一個靈修原則——「第一個去愛，第一個去給」。我想，這一行字大家都懂，但真正做到的應該寥寥無幾吧？我自己就常常因為害羞、氣憤、自私等情緒，不肯誠實表達出對別人的關心和愛，同樣的也會因為種種理由，拒絕別人的付出。就像之前有一次，我在捷運上讓座給一位孕婦，她客氣的向我道謝，說她等等便下車，要我坐下。當下的我，感到既難堪又尷尬，甚至影響到後來，每次想要讓座給別人時，都會有一番掙扎，因為忘不了當時那種感受、因為結果不如預期，讓我明明知道這樣做沒錯，還是會害怕別人的眼光。

在靈修的潛移默化下，我好像

突然明白這些生活中再簡單不過的道理，也漸漸的被改變，我認為正確而且能幫助別人的事情，就該貫徹始終！

一年的時間，六個靈修原則，六個不同的體悟，扎實的深根在心底。到如今，靈修對我來說，不再那麼嚴肅、不那麼遙不可及，它已不知不覺地融入了我的生活中，改變了我看待事情的態度和想法，不用退一步，只需要換個角度多加思考，就能感到海闊天空。尤其在寫週記時，雖然有時候還是會遇到一些小瓶頸，但也都能記錄下讓我有感而發的平凡小事，讓我明白：原來不需要別人的提醒，自己也可以那麼好。

誠實面對自己的心

第一次聽到光哥講靈修，還以為就像以前國小時，老師在黑板角落寫的「靜思語」，目的雖然是希望同學們能從小開始培養好的品德，但同學們對於那些深奧且富有哲理的話並不是真的理解，有時就算看得懂，多半也不會願意花時間去思考，更別說在生活中實踐了。就因為這些過往的印象，使我對「靈修」抱持觀望，甚至不看好的態度，但經過一年的陶冶，我慢慢了解什麼是「靈修」。

我們的靈修有什麼特色呢？老師除了解釋每個靈修主題的涵義之外，也會在學校每天的活動、學習時，加入一些靈修的元素，在日常生活的互動時，不斷提醒、督促我們去實踐靈修。

以「每兩個月一句」的靈修原則，取代「靜思語」的每日一句，讓我們有更充裕的時間去思考、付出行動和檢討自己。

以寫週記的方式，要求大家就日常生活的具體事情來反省，將每條靈修原則的實踐過程、心得記錄下來，並逐漸轉化成自己的人生信念。

透過以上種種方法，慢慢地，我們將靈修原則融入生活之中，進而以靈修作為行事的準則，也養成時時督促自己的習慣。

那麼「靈修」到底是什麼呢？我認為，靈修就是誠實面對自己的心。很多人一直到死都不明白自己的心到底在想什麼，而我很幸運的比別人多了一個機會可以開始了解自己，並且透過靈修的督促，幫助我早一點發現自己的缺失、了解自己的不足，進而改進自己，讓自己的人生可以一直好下去。

涵云

6 第一個去愛、第一個去給

開始站在別人的立場著想，更主動去付出不求回報，這是「第一個去愛，第一個去給」靈修活動對我的影響。當身邊的朋友因為成績不佳而感到無助，找不到動力時，我願意做最懂得傾聽的雙耳；在她迷失方向時，給予信心和鼓勵；在他需要幫忙時，設身處地替他著想，付出自己擁有的能力，帶給別人溫暖。

我們的第一個靈修主題是「第一個去愛、第一個去給」，最適合在新的班級或是在家人之間做為靈修活動的開始，因為它容易理解、容易在生活中被實踐。以107班為例，雖然這些新生從未聽過什麼叫「靈修」，但我鼓勵他們多主動、多付出，也要求他們從身邊生活中的各項事務著手，事情不分大小地去為大家服務，勇敢去做那「第一個」，他們很快就掌握到重點，整體成效確實很棒。

體會別人的付出，進而學習付出

這些孩子平常得之於人者太多，得到的關愛更多，如果沒體會到別人為他們的付出與犧牲，自然就不容易懂得感恩與珍惜。所以，我要他們注意體察身邊那些關愛我們、為我們付出的人，體會那樣的心意，進而把握每一個付出的機會，做一個付出愛與關懷的帶領者。

當我們懂得付出，也就能懂得其中的不容易與付出的美好，當然也就比較懂得珍惜，也更有動力去付出了。

新學期、新班級開始時，老師可以問孩子們：「來到新班級，大家有沒有觀察到什麼事情是你可以『第一個』去做的？」在同學思考、討論的過程中，老師先不要急著舉例子，先讓同學用心去觀察，若他們想不到什麼事情是他們可以主動付出的，就分享一些例子來帶領大家討論。例如：早上一進教室就主動打開窗戶、朝會集合的時候互相提醒、上課了主動去擦黑板、做班

光哥

新學期開始，孩子們初次見面，心中多半是既期待又怕受傷害吧！這時，如果老師有好的方法幫助他們，鼓勵他們做「第一個」付出行動的人，就可以很快的在人與人之間打開善意之門，彼此的相處就變得更溫暖了。

級籤筒、座位表、建立班級網頁等等。然後，問問同學，有誰願意去做？還有什麼事情可以主動去付出呢？

事實上當我們做到第一個付出，心中的喜悅感是很深厚的，我會找機會讓他們表現、讓他們分享，在這樣的推動下，大家就會很自然的去付出了。

我也會以這個靈修主題，鼓勵他們主動擔任班級幹部，只要有同學受到鼓舞而志願擔任服務的工作，就容易產生骨牌效應，帶出大家的熱情。除此，我也會鼓勵他們表達出對別人的肯定與讚美，努力讓自己每天都充滿活力跟大家打招呼，熱情問候老師、同學。當大家都這麼做，整個班級就會是個溫暖的大家庭，孩子們在學校的每一天都可以成為被期待的一天。

當然我會跟同學們討論：「什麼是愛？」但是，愛確實很難定義，所以我們並不想要去爭論它，而是設計一些對高中生來說，有些難又不會太難的活動，例如「寫信給家長」，讓他們從付出當中去體驗、去感受，在過程中去掌握什麼是愛？剛開始他們並不相信這有什麼用，可是信件交給家長之後所產生的效用，讓他們清楚感受到父母的愛。又例如發現一些高中生私下會做的「怕同學考不好，交換改考卷時刻意放水；怕同學被處罰，借同學抄作業，或是檢查作業時睜一隻眼閉一隻眼；怕同學被記曠課，所以點名就跳過」等等事情時，我會以靈修的角度，提醒他們在行動之前多想想，這些表面上看起來是為同學著想、是幫助同學、愛同學的行為，真的是愛嗎？透過「在行動之前多想想」的叮嚀，幫助同學漸漸的改正這些錯誤的行為。

曾經我總認為很多事情都只能一個人自己去爭取
告訴自己很多想法都只能一個人去達成一個人去實踐
需求的，但在升上高中來到107這個班上之
白，當一個人無法完成人生目標時，別人的
"給人信心．給人希望" 這世界是人們與人們互
可以獨挑大樑！若從我們本身開始做起，在
以幫助他們找回原本該走的路和最初的
拾回存在的價值更是領悟未來的路要勇敢踏
足以推倒一道圍牆，不足以攀過那阻礙，
都願意伸手將彼此拉起，圍牆都在也無關緊要

父母的家庭作業

第一個去愛、第一個去給

從「做家事」來實踐起

在家裡，家長們也可以針對這個主題，從「做家事」來實踐起。大家可以先討論一下，家中有那些事情需要做？哪些是孩子們可以承擔的？如何應用「第一個去愛、第一個去給」在家事上？除了份內的事情之外，如何激勵孩子主動去協助其他家人？

討論的方式及內容要輕鬆些，可以在平時、輕鬆的場合進行，千萬不要選在叫不動孩子或孩子拒絕做家事的時候來討論，那只會讓好的道理蒙上不好的情緒。

我記得，我開始請自己的孩子跟我一起做家事時，是在他心情好的情況下，之後，再偶爾交付他一兩件事做。有一次，我請他幫忙洗米煮飯，這是他會做的家事，可是他卻藉口說要寫功課而不願意做。到了晚上七點他問我：「爸爸，我肚子餓了！」我也回應他：「爸爸肚子也很餓，可是因為有人不願意煮飯，所以我們也只能餓肚子了。」我並沒有在此時說教，而是由他自己去體會這些道理。接著，由媽媽出面招呼大家出去吃飯，吃完飯回家後，在和諧的氣氛下，我們再一起討論關於做家事的想法，正因為過程中沒有人生氣，所以效果相當好。

在家庭中，就家事本身而言，任何人都不會想要做，但它卻是「應該要做」的事，而爸媽承擔家事，懂得第一個去付出，也不只是因為身為爸媽的身分，而是因為大家都是家庭的成員之一，因為我們需要生活在一個舒適、方便的環境中，所以更需要互相尊重、彼此幫忙。

關於家事的分配，爸媽不必用艱深的句子或理論，只要從小跟孩子們溝通好「家事，是家人們享受舒適生活必須要承擔的責任，是每一個人都必須面對、彼此應該分擔」這樣的觀念，親子之間就可以討論如何將「應該要做」與「不會想要做」統整為「實際去做」，這就是一種靈性修練的過程。當然，也可以進一步貼心的思考：孩子有時可能因為課業較重而暫時不做家事，就像有時爸媽因為工作忙碌而暫時放下家事，大家都是一樣的。於是，任何一方在做家事時，都會因為幫助家人而高興，被幫忙者也應該很珍惜對方的付出。

以我個人的教養經驗為例，我相信：讓孩子學會並願意做家事，就必須給孩子適當的機會教育，讓他們把家事當成是重要的事情，而不是在功課、考試之後，也不能以要考試作為不用做家事的理由。另外，我覺得：學校的清潔打掃工作也應該隸屬於家事的範疇，以打掃廁所為例，許多家長認為孩子當以課業為重，所以主張出錢請清潔公司來打掃，有些家長甚至會找老師抗議，說他的小孩連家事都不用做，怎麼可以在學校掃廁所？這些看來獨立的事件，其實每一件事情都有關聯，當家長們如此社會化的看待教育時，影響所及，就是孩子逐漸變成被動，變成只會計較自己的利益，只希望滿足自己的要求而不懂得為他人付出。

在學校，因為是老師先帶頭做反省，所以學生們容易跟著做，也容易心服老師的教導。因此，如果父母也可以這樣帶領孩子們反省，讓每一個家庭成員都學會要求自己，那麼當家長分享內心想法時，孩子不會認為是說教。孩子分享時，家長也能用心傾聽，透過如此良性的互動，雙方都能逐漸明白，唯有主動承擔、去做那第一個付出的人，彼此才能得到更多，也才能更加珍惜對方的付出。

同學的體驗

哲逸

把失敗放在心中

一年以來，我覺得最容易在生活中實踐、感受也最深刻的就是「第一個去愛、第一個去給」了吧！因為這是第一次接觸靈修活動，而在老師的帶領下，從實踐的過程中，真切的感受到付出的力量，當時所得到的成就感是一種無法言喻的快樂。

但人是有惰性的，隨著時間的推移，漸漸的靈修原則就像國文的課文解釋一樣，隨風而去，尤其是到了高一下學期。有一次上捷運後遇到需要讓座的時候，我發現自己似乎又變回原來那個猶豫不決、愛找藉口不讓座的我。可是不一樣的是，這一次不讓座的結果，內心卻有種罪惡感，甚至會覺得自己與週記、心得、感想、學習單上寫的完全不一樣。說一套、做一套的自己很偽善、噁心，就像政客或神棍一樣，勸人向善卻在做自己口中不屑的事。但是，我還是沒有太多的警覺，到後來變得麻木了，不但覺得沒讓座的藉口都十分正當，甚至開始覺得自己沒有錯。

直到這次參與編寫靈修心得的活動，開始回憶過去的靈修生活，以一種回顧來時路的感覺去看自己的所作所為，不論自己做的事是與靈修原則相違背，或是切中了主題，每一件在「生活中靈修、靈修中生活」的事件，都成了一種累積、警惕，都構築成一層層讓我向上、行善的階梯。

現在的我，對靈修原則的體悟更上一層樓，對「靈修」這件事有了更深的了解，而關鍵來自寫作會議時，光哥說的一番話：「所謂『靈修』，不只是那些像心靈叢書裡的一番話，犯錯也是幫助我們『靈修』很重要的一環！但前提是，犯錯後，我們能夠自我檢討、反省覺察、用心改進，才是所謂『靈修』！」

聽到這句話，我就像頓悟了！老師一直強調的「靈修」，其實就是在面對自己，是一種自我覺察的訓練，它不應該只是像個全身金光閃閃的大好人，每天做好事給別人看，也不可能像個聖人一樣，不犯下任何的錯。因此，這一次，我要把失敗放在心裡，時時警惕自己：我將要與時間所帶來的遺忘、我的惰性和自私對抗，希望這次可以堅持下去，比上次堅持更久。

給一個擁抱

結業式，聽著教室裡大家開心笑鬧的聲音，我卻因為糾纏的思緒，只是靜靜坐在旁邊。內心有許多描述不出的心情在撞擊、想法在流竄：今天是在七班最後的日子了嗎？期末考成績會有起色嗎？等一下看到成績，我應該不會哭吧？

忐忑地望向門旁的佈告欄，我該鼓起勇氣看看我的成績了吧！這個念頭沒預警的把我推離座位，我假裝自己已經準備好，翻動頁角的

那一剎那，儘管心裡已經有了底，我還是被掃進了最深沉的角落。明明覺得自己已經用盡全力準備的科目，為什麼還是無法突破界線，眼神被難堪的分數凝固，自以為的心理準備剎時全部崩盤，我立在公布欄前動彈不得。

是啜泣聲讓我回頭的。子涵極力忍住的哭聲，卻讓周圍的嘈雜在我耳裡瞬間安靜，我突然能深刻貼近她心裡的那份無助，那種不肯認輸卻不得不承認的無奈，全化作無聲吶喊。這些，我全都震耳欲聾的感同身受。我知道她需要一張衛生紙，一句「你還好嗎？」或許，還有一個擁抱。

握著自己也瀕臨邊緣的情緒，我走近她身旁輕聲安慰她。輕拍肩膀，沒關係的還有下一次、這次一定只是太緊張……，越說我卻越哽咽。其實我們都一樣，傾注了時間心力卻沒達到自己的目標，我們都徬徨、都失望，我們的心彷彿異口同聲地在哭訴。

「你們還好吧!?」歡笑聊天聲不知何時停了，一轉頭才發現，大家都圍在我們身邊。蘇愛的衛生紙、陳馨的擁抱、允真的打氣……。終於，我的臉頰也濕了，心裡卻有著喜悅感動，而不只是被難過充塞：因為大家的心其實都緊密的繫在一起；因為支持、因為鼓勵，無論多重的憂傷都能共同分擔；因為這一年累積的情誼，更因為有共同的想法：「第一個去愛、第一個去給」，願意先將自己的悲傷放在一旁，第一個對同學付出關懷；因為有著靈修原則支撐，所以能將彼此的力量更凝聚，能夠付出，能夠「給人信心、給人希望」，看著他重展笑顏的臉龐，就是最大的收穫；因為彼此相同信念的支撐，我們建立起獨樹一格的107班。

淚光閃爍中，螢幕已經拉下，播映著每一個不會再重新來過的快門，我卻更加確信今天不會是最終章，因為有說不盡的感謝還在唱，淚水蒸發了過往，而今陽光閃耀，不是散，而是更期待未來的相會！

7 給人信心、給人希望、給人歡喜、給人方便

從這個靈修活動中，我一方面體會到：我們所做的任何事，不是為別人就是為自己，可是如果凡事只想到自己，這就叫自私。另外一方面也了解到：人不能總是想要占有，愛自己不如從愛別人出發，多付出一點，反而可以得到更多啊！

涵如

在過去一年的靈修活動之中，我接觸到了許多從前從來沒有想過的看待
活的全新眼光，這些靈修原則開闊了我的視野，為我往後的生活帶來了更多
同的可能性。在六條靈修原則中，我對「給 這一條原則的印象最深刻。
我接觸到這條原則時，恰好也是我第一次 館 務的時候。
我做公共服務時，「給人方便」這句話不停在 周 深深感受到，
苦只是短期的，但給人方便的快樂可以延續很久。

光哥

學校的生活環境裡，有很多機會實踐這個靈修主題，例如：一早到教室就將窗戶打開通風、幫忙同學搬東西、協助忙碌的幹部去集合、替請假的同學保留講義、更換座位時多體諒個子矮小及視力不佳的同學、去合作社時順便問問有沒有人需要幫忙買東西、飲料喝完順手沖一下再壓扁丟到資源回收桶、掃地的時候順手把椅子搬起來以方便同學打掃拖地等等，這些都是練習的好機會。

第一個靈修主題為班級氣氛打下美好的基礎、美好的開始，再加上相處幾週之後，學生們彼此都開始熟悉了。所以，我推出第二個靈修主題：「給人信心、給人希望、給人歡喜、給人方便」，除了擴大彼此的善意、增添彼此的善意互動之外，也可以讓他們進一步體會付出的美好，讓每天發生的美好事情越來越多。

多想想「盼望的心情」

我們做事的時候，渴望有人給我們信心；追求成功時，期望有人鼓勵；失意時，企盼有人給我們希望；生活裡，盼望擁有許多的歡喜與便利。如果，我們在想要獲得某些東西的時候，也能多想想這種「盼望的心情」，或許就能夠以同理心

將「盼望」分享出去，並且在給出之後，感受到他人因為我們的分享而得到的信心、歡喜、希望、方便的喜樂。

在日常生活中，這個主題很好發揮，尤其班級裡會發生許多事情，例如上課、考試、團體活動、各項的比賽練習，以及考前的功課準備等等，因為有了靈修，所以形成的班級氣氛是互相鼓勵，

靈修，為我開了一扇
讓我有機會看見更廣闊的世界
實踐靈修原則的我
就像坐上了飛機一樣
能夠親自去體會這樣的世界
ENTHUSIASM
INSIST
GATHER
HEROIC
TEAM

看事情的態度以及這些事情所形成的影響，也都會變得不一樣。

在上課、學習時，我會鼓勵學生除了多分享來幫助同學及老師，讓課程進行得更有效率之外，也可以幫忙那些信心不足、害羞內向的同學提問。有些成績不佳的孩子因為怕被老師唸，怕被老師反問卻答不出，通常遇到問題也不敢問，這時，如果成績好的同學主動幫忙提問，讓老師再講一遍，這就是很體貼的事。

在發考卷時，我會提醒學生不只看自己的考卷，也要去關心其他同學的考卷，但不是為了比較分數，而是比較自己哪些題目寫錯了，可以向寫對的同學請教，自己寫對的題目則可以主動去當小老師，協助同學弄懂，這都是「給人歡喜、給

人信心、給人希望、給人方便」的具體展現。

我們學校和許多學校一樣，極為重視升學成績，可是因為有了靈修活動而互相鼓舞，因此聞不到競爭廝殺的氣息。同學們會互相提醒留晚自習，會主動安排考試時間，把握機會討論學習。當然，他們畢竟是孩子，所以會有做不好的時候，也會發生「留校自習卻忍不住跑去打球，安排讀書計畫卻不一定能完成，討論功課時，常常就聊了起來」等等狀況，但他們都會覺察到，也會彼此提醒、努力改進。

我一直相信：只要給出適當的輔導與提醒，給學生們時間與空間，每一個學生都是可以引導的。

父母的家庭作業

給人信心、給人希望、給人歡喜、給人方便

每一個人都希望被鼓勵

為人父母者應該體認到：孩子的課業學習，其實與大人在職場上辛苦奮戰的情況相類似。因此，針對第二個靈修主題，建議家長們可以從接受「孩子的學業成績＝大人的工作成果」練習起。

從第一個靈修主題開始，我們一起學習：隨時準備去做第一個關心身邊親朋好友的人！可是，許多人即便有這樣的好想法，卻總是在付諸行動前，缺那臨門一腳，總是在緊要時刻收手！為了解決這樣的問題，我想要特別提醒大家不要忘了人們基本的渴望：「每一個人都希望被鼓勵、被肯定，特別是當自己很用心，或者很沮喪的時候。」

以大人的工作為例：新到一個環境、剛完成一項任務、剛結束一個重要的案子、剛打完一場辛苦的戰役等等，不論成敗如何，我們都盡力了，即便因為成功而有了獎賞，還是可以接受更多的恭賀與鼓勵。那失敗呢？當然就更需要鼓勵與肯定！這樣我們才有動力繼續前行，才能真正讓失敗成為成功之母啊！

以孩子的課業學習來說，家長可能會覺得職場複雜多了，但大人的應對能力也比較強不是嗎？因此當孩子考試成績不佳，家長不應該急著判定分數的高低代表著孩子有沒有用功讀書，更不能以成績好壞來決定孩子的好壞。畢竟，追根究柢來說，父母真正擔心的其實是孩子的學習成效不好，將來要怎麼辦？若真是如此，父母就應該讓孩子願意相信：爸媽關心的不只是成績，而是你們不會的題目後來究竟懂了沒？沒記好的內容究竟記住了沒？究竟有哪些方法可以幫你們解決這

些問題？答案當然不是只有補習、家教、買參考書與測驗卷，也不是推掉所有的社團活動和休閒娛樂，而是真正了解孩子們的喜好、學習的困境，再對症下藥幫助孩子們。

家長們從自己的工作中，應該能夠深刻體會：許多人很習慣以「結果」決定一切，而往往忽略了結果不是人們所能控制的，即便當事人付出很大的努力都未必能如願，我們又怎能單憑分數就決定孩子的表現呢？我們明知每個孩子都不一樣，又何苦要以單一的標準去嚴格要求孩子呢？何況孩子正處於學習的階段，給他足夠的學習機會，才能培養出能力去達到未來的標準啊！

為人父母者可以想想：我們現在覺得吳寶春、王建民很棒，那是因為他們得獎了、成功了。如果他們沒有得獎呢？沒有成為勝投王呢？難道，他們就一無是處了嗎？在他們成功之前，如果沒有許多人的鼓勵，給他們信心與希望，他們會成功嗎？我們願意做孩子成功前的那個支持者？還是要做別人成功後的羨慕者呢？

因此，我認為在親子關係中，父母親只要把自己工作的體驗類比、轉換一下，就能貼近孩子的心，貼近部屬的心，貼近身邊每一個人的心，進而做到「給孩子信心、給孩子希望」。其關鍵在於建立起正確的生活信念，當孩子成績好時，不代表一切都好；一時的不好，不代表永遠不好；面對不好，學習放下責難並立即去思考如何幫助他們變好的方法等等。簡言之，就是懂得以同理心去看待孩子，以正向的態度面對孩子的失敗與困境，如此，即可以實踐這樣的靈修主題。

這個靈修主題的實踐，除了口頭上的表現之外，還可以使用文字的方式，例如寫信、字條、簡訊、卡片、email 等等，以及熱切的肢體動作，這些都是很具有力量的表現方式。此外，也可以準備貼心禮物，不需要貴重卻可以適時的透過禮物達到鼓勵的效果。最後也是最重要的就是「心理的修練」，無論何時、何事，尤其是在自己擁有信心、希望、歡喜、方便的時候，我們都要提醒自己與孩子們：「每一個人都需要鼓勵與肯定，就像我很需要鼓勵與肯定一樣」，並且持續「第一個去愛、去給」的第一個靈修主題，不要吝於付出，不要忘了彼此感恩，也要記得感謝他人所給予我們的。

同學的體驗

跨出「付出」的那一步

團體生活中很需要互相幫助，但偏偏很多時候，又會因為種種的理由扼殺了對他人付出的機會。我想光哥之所以把這個靈修主題排在第二，主要就是希望我們能夠學習如何主動跨出「付出」的那一步，設身處地的為別人著想，將「給予」這個動作化為生活的習慣，而不是一味的自私自利。

一年級下學期，我和問荷還有筱芸一起擔任英文小老師的工作，三個人湊在一起，應該是要平均分配工作的，但她們兩個總是會把工作往自己肩膀上扛。算成績平均時，總是主動挑最難算的，和我搶著發同學的考卷，即便是我午休睡過了頭，也都貼心的不叫醒我，獨自去找老師，為的就是讓我多休息下課那五分鐘。搬習作和作業本也都要拿的比我多，還笑笑的跟我說：這樣子爬樓梯是多運動。

我想跟她們說，她們很多不著痕跡的體貼，即便只是一個不經意的小動作，都讓我感到自己是幸福的，被別人體諒著、關心著，心頭總是暖烘烘的。謝謝她們這麼棒，總是在第一時間替別人著想。

還有我很佩服的勝豐同學，他做了好多讓我覺得很棒的事——家長日那天，他上台發表對於靈修的想法，講到後來，他突然鼓起勇氣，站在台上，對自己的媽媽勇敢說出

「我愛你」三個字。當下我真的嚇到了！他真的徹徹底底的將這些靈修原則落實於生活中，我一面看著勝豐媽媽感動的淚水，一面問他為什麼會想這麼做？他只跟我說：「當下覺得這樣是對的，就做了！」我相信自己絕對沒有那麼勇敢能誠實面對情緒。但看完了勝豐的示範後，我發現這真的不難。對於身邊愛你的人而言，縱然只是小小的關心，他們就能擁有大大的歡喜與幸福。謝謝勝豐讓我有了實踐付出的動力。

生活中，還有很多小故事，都讓我深深感受到１０７的熱情和友善，每個觸動心弦的小故事都是一顆種子，能夠深植、萌芽、茁壯在心裡，替我帶來不同的省思，進一步做出改變，謝謝這個溫馨的班級，讓我學習了好多值得去做的事情。

滿心歡喜的生活

我覺得，「給人方便」就是在日常生活中，表現出體貼、細心，以及設身處地為人著想。像是廁所拖鞋穿出來時，若直接脫下來，口是朝門的，但這樣放，對下一個要使用的人就比較不方便，所以若能多一份體貼，把拖鞋轉個方向，就是「給人方便」。

「給人希望，給人信心」，讓我想起國中的一堂地理課。因為我們的地理老師那天請假，因此來了一位代課老師，不過他沒有上課，而是跟我們說了一些話：「現在你們三下了，只剩三個月就要基測，在這個時候，大部分的學生已經看得出來，不會有太大的改變，不論是好的還是壞的；而有少部分，他們的成績尚未定型，而這當中有些人會往上爬，有些人卻是向下掉，我希望你們都是往上爬的那些人。我曾經有一個學生，他的模擬考總是徘徊在九〇左右，但經過三個月後，他的基測ＰＲ值是九十七」。當時我模擬考的成績最高ＰＲ值約是八十七，雖然我不知道那個人是誰，可是他的故事給了我很大的鼓勵、信心和希望，因為，曾經有人做到了，所以我相信，自己一定可以！

「給人歡喜」，可能因為一句讚美，一個微笑。常常擺著臭臉，其實不一定有錯，但身旁的人看著，我相信心情一定不會很好，所以何不時常面帶笑臉呢？有一句靜思語：「在別人身上灑香水，自己也會沾上兩、三滴。」這也是要我們不吝於讚美。那麼在充滿冷漠的生活與滿心歡喜的生活之間，我們想要哪一個？

多付出一點，反而得到更多！

在「給人信心、給人希望、給人歡喜、給人方便」的靈修課中，我看到了溫馨的畫面、聽到了鼓勵的言語、感受到了歡樂的氣氛、體悟到了付出的喜悅！

還記得高一即將進入尾聲、在享受快樂的暑假前，我們必須面對的是貼在黑板上，一張張電腦閱卷的成績卡、殘忍的期末考分數。我看到問荷遲遲不敢走向前去面對數學分數，當她鼓起勇氣站在白色紙張前時，臉上不見笑容而是表情落寞。蘇愛看見了，一句話也沒說就把問荷抱進懷裡，似乎在心中跟她說：「你還是很棒的！」手在背上的輕拍，那是安慰、更是關心！而問荷的嘴角也漸漸向上揚起，這是蘇愛為她帶來的笑容。那時，站在不遠處的我，看見了一個大大「給人信心、給人希望」的小小舉動！

課堂上，因為有靈修，我們的相處雖然時有吵鬧，卻永遠充滿笑聲，尤其是資元這個班上開心果在的場合！國文課堂上，他總是以幽默又逗趣的口音在唸課文，那時我們就如同坐在觀眾席上觀賞相聲，而不是坐在教室上課。英文課時，也總能從他口中聽到單字的新解釋，像是balance（平衡），他說是「被冷死」。從他口中冒出的驚人之語，總逗得我們哈哈大笑！地理老師更是拿他沒辦法，只要資元一開口，老師恨不得讓他睡一節課！但我們更佩服也不會忘記化學老師與資元鬥嘴的畫面，那比辯論比賽更為激烈！當你在腦海裡想起資元「給人

歡喜」所帶來的笑容時，考不好，與朋友吵架，被爸媽、老師責罵等等不愉快的事，好像都能忘記。

還記得有一個月的時間，我們的生命教育課要和別的班級併在一起上課。教室原本的椅子不夠，所以必須要有一班把自己的椅子搬去。一開始，我們毫不猶豫的自願為他人付出、「給人方便」，決定四個禮拜都由我們搬椅子。原先我們只想「給人方便」，沒想到輔導老師覺得應該要公平，堅持要別班同學也「給我們方便」。於是剩下兩次，就請另一個班級搬椅子，讓我們有榮幸得到別人為我們付出，這件事讓彼此都很歡喜。

8 緩於發怒、敏於寬恕、勇於道歉

當天晚上我道完歉之後，爸爸還是沒有去吃飯，我也不知道他是否有接受我的道歉，但我還是很開心，更沒有後悔自己道了歉。隔天早上起床，看到爸爸還是有幫我做早餐，我想，這應該就表示我已經被原諒了吧！

光哥

道歉，是非常具有力量的，它一方面表示自己深刻的反省，與面對錯誤的勇氣；一方面可以化解對方憤怒、激動的情緒，回到比較理性的狀態，進而消弭可能的失控場面。

想要再畫出一些什麼,但一張簡單的圖足以表達太多♥

隨著同學們更熟悉之後，彼此的互動就容易出現輕慢、隨便的情況，大小衝突也就難免發生，因此，我適時推出第三個靈修主題：「緩於發怒、敏於寬恕、勇於道歉」，就是希望透過這樣的主題，讓他們一方面更珍惜彼此的相處緣分，學會不要以情緒來處理事情，另一方面則是要讓大家理解到每個人都會犯錯，可貴的是，我們懂得道歉，懂得寬恕。

生氣容易讓人失控

生氣，乍看之下是可以發洩情緒，可是人在生氣時往往容易失控，這時的情緒發洩就非常容易過當而造成許多連鎖的負面效應，甚至讓事情更難以收拾，反而帶來更多的後遺症。況且，生氣對我們的身體健康也不好，因此，不妨換個角度想，如果發洩情緒的方法有很多，我們為什麼要選一個傷人又傷己的糟糕方法呢？奇妙的是，一旦我們能夠掌握住情緒，在生氣之前緩和一下，冷靜地想想，不但可以覺察到自己的生氣常常是沒有必要的、是無明的、是害人害己的，就連寬恕之心也會開始萌生。

當然，能夠在怒氣發動的當下「緩於發怒」，很不容易，所以需要修練的功夫，必須經常練習，可是一旦開始，對我們的生活與健康都有正面影響。我自己就是個現成的實例，以前我的腸胃很不好，醫生說這與壓力、情緒有關係，要我吃飯的速度慢一點，生活的步調放穩，憤怒、負面的情緒放緩，這些道理，我以前也不是不知道，可是

就是無法做到。直到練習靈修之後，才把以上這些道理付諸實現，腸胃狀況大有改善，因此，現在只要我腸胃偶爾出狀況，我都會先反省自己：是不是又讓情緒主導了生活？

情緒管理，是一件重要課題，除了「緩於發怒」之外，我們也要學習「敏於寬恕、勇於道歉」。當然，我們犯了錯就該道歉，但對方若是停留在情緒上，未必能立即接受，這時我們應該要堅持自己的反省，不可因對方不接受就動氣，反而應該表現更誠懇的態度。順著這樣的反省，當別人犯了錯時，我們就比較能夠同理心地去接受他人的道歉而給予寬恕。接著，再更進一步的修練則是，當我們體會到自我反省的不易、體會到表示歉意的困難、遇到犯錯的人未能即時道歉時，我們也比較能夠給予對方足夠的時間與協助，讓他能有機會得到真正的成長，而不是得理不饒人的斥責對方。

對我們及他人來說，「緩於發怒、敏於寬恕、勇於道歉」雖然極為困難，卻也是使我們靈性成長的重要方法，透過這個靈修主題，可以幫助我們消除生活中的負面情緒，轉化成正向能量，對提升我們的生命品質有極大的助益。

我的心靈圖像 107班 洪榆茜

請想想過去一年來的靈修活動，你最深刻的感受是什麼？你對那些主題有心得？請說一說具體的體會，並寫下你的成長故事！ 第一個去愛，第一個去給

從小，我和我弟之間似乎沒有什麼交集和互動。可能是因為覺得爸媽偏心吧…當了六年的獨生女，但自從弟弟的出生，我就好不習慣，不習慣只得到爸媽「一半」的愛，只要一感覺到爸媽在偏心，就會跑到房間裡偷偷的掉淚，也漸漸的封閉自己的心，對家人和朋友也不願再付出太多關懷。直到上了高中，參加靈修活動中，經過每一條的靈修原則，每個禮拜的週記，開始思考要如何使自己成為一個更好的人。而現在，在和弟弟的對話和相處中少了盧

父母的家庭作業

緩於發怒、敏於寬恕、勇於道歉

從「生活中的相處」著手

在家中，家長們可以針對這個靈修主題，從「生活中的相處」著手。以成績為例，家長的感受可能是：爸媽好說歹說，用盡各種方法，他的成績就是好不起來，參考書、測驗卷都買了，可是連寫都沒寫。家教、補習班也花了不少錢，就是成績沒進步。在此，我還是要奉勸家長不要生氣，至少也要「緩於發怒」，多用心想方法解決。我的方法就是培養孩子的「羞恥心」，一旦他有「羞恥心」，就會覺得考不好是自己沒有盡力、很丟臉，就會想辦法負責。這時我們所要做的就是跟他討論改進的計畫，等他開口提出希望我們幫忙時，我們的幫助就會有效果了。

當父母懂得將怒氣緩和下來，就會發現其實沒什麼好生氣的，而且，冷靜下來後，處理的效果更好，這時就能夠進一步去做到「敏於寬恕」，接著家長也會發現：時代不一樣了，當年我們讀書努力的過程、遭遇到的問題，真的都跟現在的孩子不一樣，因此，我們不能只用過去的經驗來看孩子的學習，應該在根本學習態度上幫助孩子。

十幾年來，我總是告訴家長：「面對孩子的各種問題，誰先生氣，誰就輸了。」例如做家事，雖然前面章節已經說了許多，不過家長可能還是覺得：我早就不奢望他多做些什麼家事了，只希望他把房間整理好，可是他連這樣也做不到，房間跟狗窩、垃圾堆一樣。其實，孩子就是需要教，就是會讓父母親操心，家長千萬不可以放棄，若是放棄了，將來害到的不但是自己，也可能牽連到別人，所以我還是要再次提醒家長：「緩於發怒」，只要是不含怒氣的提醒，孩子就不會覺得是在說教，慢慢地堅持下去，結果應該不錯。

一家人的相處，我認為最有力量的就是：「勇於道歉」。家人之間雖然有著先天血緣上的親密關係，但不保證就不會有相處上的問題，尤其在每個人的個性、習慣不同時，就容易發生衝突，讓彼此都感到痛苦，讓成見越來越深。因此，我們應該經常自我反省：自己與家人的相處是否一開始就不好？彼此的耐心是否被許多小事所累積起來的不滿、怨懟給磨掉了，久而久之，不但關係逐漸疏遠，彼此的愛更在不知不覺中被溶蝕掉了。因此我建議家人間需要常常彼此真心的道歉，我就經常向家人、學生道歉，並不是說我經常犯錯需要道歉，而是因為「人都會犯錯，有錯就要道歉」，即便我的錯是無心之過，更或者與對錯無關，而是因為不夠用心而出狀況，都應該要道歉。

我們可以試著問問自己：最近的一週做了那些不對的、不恰當的、不禮貌的、不體貼的、不用心的事情，而我們有為這些情況道歉嗎？當我們願意誠心道歉，對方的怒氣就不容易發出來，這等於間接的幫助了對方「緩於發怒」。而當我們道歉之後，心中必然會渴望對方的寬恕，這種體認將有助於讓日後的自己，更加懂得「敏於寬恕」的重要性。

不過，我也要提醒大家，我們的「勇於道歉」必然要伴隨著「用心改過」。我個人的經驗是，當父母親以身作則「勇於道歉」，那麼在面對孩子不當行為時，就可以用和緩的口氣、平靜的心情、清楚的道理，直接要求他們勇敢道歉、用心改過。更重要的是，我們也會因此明白：犯錯並不可恥，有錯卻不願意承認，有錯不願意改，才是我們最可怕的敵人。

最後，提供一個勇敢道歉的小秘訣：第一次道歉真的很難，多幾次之後就自然了。跟孩子意見不合時，不要與孩子針鋒相對，放輕鬆幽默些，或至少心中想著：他畢竟是個需要包容與幫助的孩子！若還不能放下身段道歉，可以試著寫信、寫字條，或者請另一半出面幫忙緩頰，只要夫妻兩個配合的默契夠了，自然也就能處理得更為順手了。

同學的體驗

我學會了道歉

　　我是一個很沒勇氣的人，沒有勇氣和家人溝通，沒有勇氣和家人吵架，沒有勇氣和家人和好，甚至是說句：「對不起」。每次和家人吵架之後的方式都是冷戰，只要一冷就是一、二個月，尤其是和爸爸冷戰時，因為雙方的個性都很好強，誰也不肯第一個拉下臉來和對方道歉，因此就會僵持很久，讓彼此都很難受。

　　最近的一次冷戰好像是在今（九十九）年九月多，那天晚上，我放學一回家就看電視，以致於忘記煮飯，害爸媽八點多才能吃飯。而爸爸因為氣我太愛看電視且忘了做事的輕重緩急，就開始生氣、不理我，甚至後來連飯也不吃了。這讓我當下感覺很錯愕，更覺得爸爸的反應很幼稚，會不會也太誇張？但過了幾分鐘後，我冷靜的想了想，發現其實一開始就是自己錯了，本想要道歉，但又很氣爸爸，所以在第一時間錯失了和解的機會。後來我想到老師說的：「勇於道歉！誰先生氣誰就輸，誰先道歉誰就贏了！」內心又掙扎了很久，最後還是選擇向爸爸道歉了。

　　我道完歉的當天晚上，爸爸還是沒有吃飯，我也不知道他是否有接受我的道歉，但我還是很開心，更沒有後悔自己道了歉。隔天早上起床，看到爸爸還是有幫我做早餐，我想，這應該就表示我已經被原諒了吧！

從這件事情之後，我們兩個人的相處開始有了很大的不同，雖然還是會生對方的氣，可是我們面對的方式不再是冷戰，而是努力的去溝通，父女倆的感情似乎也變得更好了。

寬恕得平安！

有一天，走在路上巧遇國小同學，看到的當下，腦海中閃過的第一個念頭竟然是：他以前曾經把我心愛的鉛筆盒弄壞。可是我並沒有表現出不悅的神情，反而邀請他一起吃飯。我們邊吃邊閒聊最近的生活狀況，後來我還是忍不住提起了那件事，本來只想與老同學回憶一下往事，沒想到兩人越講越不開心，言語中開始出現了諷刺，也產生不滿的情緒。後來，看到他眼中的受傷神情，這才突然警覺到自己的錯，不禁有些愧疚。

沉默了一會兒，他問我是否還在生他的氣。我跟他分享了我的心情：我其實不應該記恨的，因為在當時，我已經選擇原諒他了。然而，如今我卻還惦念著過去的事，並且為此感到憤怒，意謂著我只是暫時放下，並未完全釋懷他的錯！可是，這樣對我好嗎？這樣的情緒有意義嗎？既然已選擇原諒，就應該徹底的寬恕，不應該記恨、不應再有偏見的。所以，我決定要重新來過，好好的從心底反省，真心的原諒他！

因為這件事，讓我想起老師常常告訴我們的一句話：每一個人都會犯錯，也都渴望得到別人的原諒，同時也讓我體會到：要原諒別人、寬恕別人犯的錯，其實是很困難的！但也正因為如此，我也瞭解到：如果能學會「敏於寬恕」，也就逐漸能體會為什麼犯錯？如何能避免少犯錯？如此，自己不但可以減少犯錯，更可以得到心靈的平安啊！

學習不在情緒上處理事情

在練習第三個靈修主題時，大家剛好處於要熟不熟的灰色地帶，同學之間的組合也在悄悄的變動中，某些人逐漸變得熟悉，某些人卻也開始變得陌生起來。不僅如此，學校接踵而來的各種活動也讓我們招架不住，每個活動的負責人都繃緊神經在做事，然而問題卻一個一個浮現出來，尤其負責人在尋求同學的幫忙時，常因為每個人都有自己的課業要顧，都有自己的社團要忙，而產生一些不必要的誤會與口角衝突，讓班上的氣氛變得很緊張。因此老師給了我們「緩於發怒、敏於寬恕、勇於道歉」的主題，希望藉由這個靈修功課，引導我們去面對、解決班上的紛爭。

在共讀時，我們在《深夜加油站遇見蘇格拉底》這本書裡，讀到了「情緒就跟氣象變化一樣，是自然現象，有時是恐懼，有時是憂傷或憤怒。情緒並不是問題所在，關鍵在於如何將情緒的能量轉化為積極的行動。」這些句子跟靈修的「緩於發怒」有異曲同工之妙。的確，情緒真的像天氣一樣千變萬化，有時艷陽高照、有時陰雨綿綿、甚至晴時多雲偶陣雨，而我們卻常常沒有經過大腦思考，也沒注意到會不會傷害到別人，就把一時的不愉快直接發洩出來。

讓情緒凌駕理智，只會讓情況更糟糕，因此，如果在生氣前，能夠先緩於發怒，先冷靜想一想：這樣值得嗎？只是一點雞毛蒜皮的小事，需要發這麼大的脾氣嗎？讓腦袋的思緒先整理一下，就算經過思考後，還是覺得需要生氣，但至少你會比較清楚的為自己的決定負責，並且可以比較理性的展開行動。

接下來，則是「敏於寬恕」。寬恕是一種美德，把別人做錯的事都記得清清楚楚的，我們會開心嗎？這樣不僅自己不好受，別人也很痛苦吧？不如選擇放下，要容易多了。

至於「勇於道歉」，誠如俗語所說的：「仙人打鼓有時錯，腳步踏錯誰人無。」做錯事是人之常情，而且，很多時候都是不小心犯下的錯，當事人自己可能也不好過，如果他在自責的時候，你又拚命的在他傷口上灑鹽，那不是很痛嗎？所以，留一條後路給別人走，就是幫自己開一條活路啊！

「緩於發怒、敏於寬恕、勇於道歉。」這三句話其實是環環相扣的，很難將它們明確的分開來，人與人之間的相處如果能時時刻刻都如此，那我們將會有一個充滿愛的世界。

緩於發怒，勇於道歉

在我的感覺裡，我媽總是很囉唆，常常一件事都要說好幾次，像是最近這幾天比較冷，我媽就一次、二次、再一次地，不斷地叮嚀我要多加件衣服。這時，我就會很不耐煩的回她：「知道了啦！」有時心情比較差，聲音就會很大聲。每當這時候，我就會想起一件事。

國三的某一天，我比較早到學校，和一位也是很早到校的同學坐在教室裡。過了幾分鐘後，他爸爸（是學校的老師）替他送早點過來，但我卻看著他惡狠狠的說一句：「都已經到學校了，你可不可以不要管我！」我不記得他有沒有接過早點，但我永遠記得他爸離開時的背影。

人們常說「當局者迷，旁觀者清」，形容得很貼切，因為在那個當下，我能了解那位同學的心情，或許換作是我，也會說出一樣的話，但同時，我也深刻感覺到這句話有多麼令父母不堪，讓我開始反省自己跟我媽說話的態度，也察覺到自己有時候對別人也很囉唆，既然如此，我又怎麼能要求別人？所以，我要用心學習「緩於發怒」，要求自己多聽幾句，忍一下再回話，不然話一出口就如覆水一樣難收，即使很後悔，也不知該怎麼做了，更何況我又是個不擅於道歉的人，哈，看來我也要好好的學習「勇於道歉」。

因為欺騙了自己的心，所以做出傷害自己的事；因為沒抱著「戒慎恐懼」的態度，所以傷害自己的時候並不感覺到痛。但這就像吸食毒品一樣，一旦上癮就很難戒掉；一旦毒癮發作，就非常痛苦。有誰願意被毒品控制呢？

9 誠意正心、戒慎恐懼

雅珊

光哥

如果同學們懂得「誠意正心、戒慎恐懼」，一方面可以在想法、言語上先謹慎考量，盡可能做到與行為一致；一方面也可以在他人指正的時候，反省到自己的問題而謙卑接受，那麼言行落差的問題就比較容易解決了。

經過了一個寒假與新年，孩子們回到學校之後是需要收心的，不只是學習上需要收心，生命的靈修更需要，因此我訂下第四個主題為：「誠意正心、戒慎恐懼」，希望藉此收束孩子們在寒假放鬆的心。

檢視自己的心念言行

我認為「誠意正心、戒慎恐懼」是整個靈修活動的基礎與成敗的關鍵，一方面可以藉此提醒他們做該做的事情，另一方面也是因為孩子們彼此更加熟悉後，在靈修的態度與實踐上就更容易輕忽。例如：只是嘴上說靈修，卻沒有真切的行動；檢查作業、改小考考卷時，容易因為彼此的友情而無法認真負責等等。

剛開始，同學們對這個主題的掌握很吃力，所以我們幾乎用了兩個月的時間，讓大家慢慢體會這個靈修主題的精神。

我提醒他們在做任何事情時，都必須隨時注意並且「誠意」面對自己的起心動念與心思想法，不論是在做事情之前，發現自己心中所想的那個念頭，或是在事情過去之後，反省自己原先的想法，都需要以「誠意正心」的態度去檢視，是否符合我們靈修的各項主題要求。

尤其，在整個過程中都需要「戒慎恐懼」地認真對待，千萬不要輕易放過生活中一閃而過的念頭，不要忽略事情結束之後的心情反應。例如：考試的時候因為自己沒有準備好，於是生起想要作弊的念頭，還好最後沒有去做，但這中間念頭的變化與決定不作弊的關鍵是什麼？若是真的作弊了，那麼考完之

家的改變，我也默默的放在眼裡。
的第一個主題，也因為最早接觸，所以體悟
小事。國一時，大家正值發育期，下午常常會
分給同學的習慣。看到他們飽足
變重了，我早已忘了這個習慣，每天只關心自己
最重，現在回憶起來，覺得那時候的自己好可笑
謝有靈修，它讓我學會了檢視過去，望向未

後，就要去反省作弊之後的心態是如何？為什麼明知道作弊不對還要去做？為什麼自己當下不能不要作弊？自己是不是以後遇到類似的情況都如此？是否已經養成作弊的習慣了？

我要他們「誠意正心」地面對自己，提醒他們「戒慎恐懼」並不是畏縮害怕，而是以這樣的態度去覺察自己的各種行為背後所隱藏的魔鬼。例如：當我們心中出現想要嘲弄同學的念頭時，以「誠意正心」的態度抓住它，然後想想「戒慎恐懼」這個靈修主題，問問自己該不該有這樣的念頭？若這樣的事情發生在自己身上會如何？這件事情會造成什麼後果？這些都是「誠意正心，戒慎恐懼」的工夫。當我們做到這一步，然後再告誡自己不可以有嘲弄同學的念頭，自然也就不會去做了。

前面提到，十幾歲的孩子在想法上很容易就超越實際行動，因此會讓大人覺得孩子們總是多說少做、光說不練，而我們確實也看到孩子們在言行上的落差頗大。可是偏偏這個階段的孩子很愛面子，很在意別人的看法，所以經常為了掩飾這些言行上的落差，為了逃避犯錯所帶來的指責，開始編織各種理由、各種說法，甚至是說謊、欺騙。

大人們需要了解：追本溯源起來，孩子們並非為了說謊、騙人而有不當的行為，更多的時候只是為了逃避、掩飾自己的無心之過，更或者只是因為父母不給他留情面、讓他丟臉，讓他情緒反彈而忽略了自己真正的問題。

因此，如果同學們懂得「誠意正心、戒慎恐懼」，一方面可以在想法、言語上先謹慎考量，盡可能做到與行為一致；一方面也可以在他人指正的時候，反省到自己的問題而謙卑接受，那麼言行落差的問題就比較容易解決了。

此外，這個主題還可以應用在學習以及處理情緒時，例如我們進行一件熟練的事情時，往往會因為熟悉、因為很有把握而掉以輕心。很多學生告訴我：「老師，我國中基測就敗在最拿手的科目上！」為什麼拿手科目反而會成為致命傷呢？在我看來就是缺乏「誠意正心，戒慎恐懼」的結果；情緒的處理也是如此，當我們得意時固然高興，可是若不知節制則容易樂極生悲。

總而言之，「誠意正心，戒慎恐懼」不只是指我們接觸的外在事情，更重要的是我們的內心世界，唯有認真地自我要求，才可能整合內外而表現出適當的行為，這就是靈性修練的關鍵。

父母的家庭作業

誠意正心、戒慎恐懼

從「誠意正心」反省開始

在日常生活中，人們常常有些似是而非的想法、言行不一的情況、欺騙自己與他人的行為，以及因為私心而做出一些不公不義的事情，卻因為早已經習慣了而不知不覺，因此要我們做到「誠意正心」去面對它們，是很不容易的事情。

從小到大，我犯過的錯、說過的謊、開過的玩笑、說過的誇大之詞不知道有多少，隨著年紀的成長，我覺得自己應該是越來越不可能說謊了吧？可是，真的靜下心來想想自己的日常生活，對別人說謊的情況雖然減少，但是誇大之詞、加油添醋的各種說法，卻仍然存在。這時似乎只有「誠意正心」，才可能督促自己勇敢面對，但是並不容易。因此，我們可以先從討論其他人開始，由於是無關你我的第三者，所以大家比較能夠心平氣和，進而討論到如何用「誠意正心」來面對、處理事情，當大家都了解到「誠意正心」的必要性、重要性，然後再逐漸回到個人的反省。

我覺得這類的反省不必太嚴肅，親子的溝通也不需要正襟危坐，而是以開放而坦誠的態度來面對，只要有愛，就會無礙。家長要能努力做到：盡量不要去針對孩子表面的行為，應該要注意到行為背後的心理狀態。因此我才說「戒慎恐懼，誠意正心」是很重要的。我通常在討論一般的事情時，會舉自己的反省當例子，例如我與孩子討論學校的暑假作業時，我就會告訴孩子：當年，我在暑假期間也沒有按時完成作業，接著，再分享自己過去的經驗、個人深切的反省與感受，並提出建議的處理方式。然後，我也會請孩子分享他的寒暑假想要如何面對？他的心態是如何？對於我的建議，他的想法又是什麼？

「戒慎恐懼」是人生中的重要修練，是讓我們的生活更加幸福的必要元素，它的正面義涵就是在面對人事物時，懂得自我反省，更加的謙卑與慈悲。例如生活裡需要有幽默感，但幽默不是隨便、不是輕佻、不是亂開玩笑，所以在學習培養自己的幽默感時，必須「戒慎恐懼」來加以篩檢；例如我們常會因為自己的某些專業而驕傲、誇大，尤其在人們美言幾句，在讚賞與鼓勵多了之後，就更容易心生傲慢，甚至散漫隨便了。這時候若懂得「戒慎恐懼」，多一些自我反省，就能做到更加的謙卑。

常言道：夫妻相處要「相敬如賓」，這其中的精神正是「戒慎恐懼」。其實，在所有的人際互動中，包括最親近的朋友、家人、親子、夫妻之間，都要懂得「戒慎恐懼」，不能因為彼此太過熟悉、親密，就仗恃著「對方是自己人，吃點虧應該沒關係吧！」的心態，忽略了許多該注意的細節、該用心的體貼。長此以往，再好的關係也會被消磨掉。這時若能懂得「戒慎恐懼」，好好維繫每一段關係，自然也就不會讓越是關愛自己的人，反而越受到委屈、越受到傷害了。

同學的體驗

把分數遮起來

記得剛升上高一時，可能是因為適應不良，一向拿手的物理，竟然從「隨便寫一寫就可以九〇分以上」，變成「絞盡腦汁也沒辦法及格」。一開始非常震驚，後來竟自暴自棄的相信自己能力不足。每當和同學交換考卷改好之後，總是忐忑不安地把那鮮紅色的可怕分數遮起來，好像只要這樣一遮，就可以眼不見為淨、天下太平，當它什麼事也沒發生。

直到有一次，我又考了一張淒慘的四十四分考卷，改我考卷的同學突然問我：「巧芸，你最近怎麼都考這麼爛？」我當時一個字也無法回答。看著我滿江紅的考卷，才發現我根本就在逃避問題，我完全不知道自己為什麼只能考以前一半的分數，更不知道自己該如何把這個越破越大的洞補起來。

回到家後，我把所有考過的考卷拿出來，按時間排好，並且把折起來的分數全部打開，讓一次比一次糟糕的分數在我面前一覽無遺。我發現不能再欺騙自己了，如果不對自己誠實，只會更增加心中的恐懼。

後來，我用了很大的勇氣，才接受媽媽去補習的建議，雖然這不一定是最好的解決方法，但我至少開始真心誠意地面對那藏在心中已久的恐懼。我覺得，把「遮起來」

的問題打開來，並且誠意的面對解決，就是「誠意正心，戒慎恐懼」的意思吧！

說謊的代價

這週，我沒做好「誠意正心，戒慎恐懼」這個靈修主題。

段考之後，媽媽來看我，順口就問：「這次考得怎麼樣啊？」面對媽媽期盼的眼神，「噢！應該有前十名吧！」這種天大的謊言未經大腦，直接就從口中蹦了出來，媽媽很開心的回去了，我卻開始發愁，不知道該怎麼面對即將發下來的成績單？我很清楚一個謊言會促使十萬個謊言的滋生，卻還是說了謊，

我想，我是該為自己的每一句話付出代價的。

擇善固執10，不變隨緣

「擇善」很難，但我覺得「固執」更難。以前有同學會借作業來抄，所以當別人跟我借作業時，就使我陷入兩難。不借，就會被排擠；但借了，就違反自己的原則，到最後，我也只能淪陷了。其實不借作業才是善，但要堅持卻很難。靈修之後，我學會有時候也可以換一個方式堅持，可以慢慢跟對方講，讓對方了解自己的原則，這樣既能堅持自己的原則，也不會傷了彼此的和氣。

光哥

我們幾乎每天在選擇，如何能做到「擇善」，選擇自己與他人都認同的善，並不容易。目標確定之後，如何在「目標不變」、「擇善固執」的前提下，學習「不變」與「隨緣」的智慧？讓他人能理解我們的態度與方法，而不產生誤解，甚至反對，進而支持我們的目標，更是困難。誠如聖嚴法師常說：「心隨境轉是凡夫，境隨心轉是聖賢」，這便是「不變隨緣」的最佳註解了。

在同學面臨分組的抉擇前，學校的輔導室通常會幫他們做些關於性向、興趣量表等等測驗，但等到真正面臨選擇時，孩子們卻還是在家長的意見、其他同學的選擇與個人的想法之間掙扎著，因此，我提出了第五個靈修主題：「擇善固執，不變隨緣」，來幫助學生多想想：自己要的是什麼？堅持的目標對不對？與家人的溝通夠不夠？在目標不變的情況下，有沒有其他的方法可選擇？

學習在不變中隨緣

這個主題對生活也很有幫助，因為我們幾乎每天在選擇，如何能做到「擇善」，選擇自己與他人都認同的善，並不容易，在目標確定之後，「固執」地堅持下去也很困難。但最需要智慧與權變的，則是在「目標不變」、「擇善固執」的前提下做到「不變隨緣」，隨緣絕非隨便，而是適時調整自己做事的態度與方法，讓他人能夠理解，甚至從反對進而支持我們達到目標。誠如聖嚴法師常說：「心隨境轉是凡夫，境隨心轉是聖賢」，這便是「不變隨緣」的最佳註解了。

當我們確立「目標不變，方法隨緣」後，接著也可以深入討論「目標隨緣，方法不變」的可行性？因為，只要我們清楚努力的目標是什麼，那麼在實踐的過程中，如果無法一次達成，又何妨將目標隨緣的調整成幾個階段？雖然，達成目標的方法可以很多元而有變化，但為了避免因為意志不堅定、隨意調整方法而導致事情功虧一簣，是否應

我們明明都知道是非對錯，卻又麻木得做一些
事，像是抄功課、作弊。自從認識了這個主題，我
得反省自己，例如：上學老是遲到或花太多時間
我一上 時幾乎都沒有讀書，只有考前在那邊臨時
每天就是打球、玩電腦，成績自然不好，我也只是一直找
欺騙自己，試圖逃避現實，後來接觸到這個主題後(
關切)，我開始正視這個問題，漸漸的改善，勇於去面對
良心。

該堅持採用「不變的方法」以免錯失目標？如何權衡情勢，做出最佳的選擇，需要很高的人生智慧。因此，我並不確定孩子們是否都能夠理解這些道理，可是沒關係，因為我們的重點本來就不是在見識上的理解，而是生活上的實踐。

課堂上的生活實踐，例如每週都會有的班會討論，因為關心班級事務的人多，難免意見也多，光是辦理一天的「班遊活動」，就讓全班同學與籌辦小組紛擾不已。此時，我就會用「擇善固執，不變隨緣」來跟學生分享：大家在提出意見時，是否先想想班遊的主要目的是什麼？意見的堅持是為了個人，還是為了團隊？兩者之間如何取得平衡？說服別人，除了技巧的運用，是不是還要注意態度的問題？在分享過程中，我盡量不參與決策，也不急著要完成計畫，只是抱著彼此學習的心態，很有耐心地和同學互動，這對我來說也是一種靈修吧！

生活實踐的另一例即是我推動的「班級共讀」，剛開始大多數的同學幾乎都沒興趣，我就彷彿是一個人拖著四十一個人乘坐的遊覽車往前走，當時如果我生氣，或是放棄了，那麼共讀就不可能成功。然而，我就是相信共讀是好事情，如果因為修養不好、方法不對而失敗，不是很可惜嗎？於是，我就耐著性子，一點一滴的堅持，用心的設計各種方法，慢慢的，有些同學下車來幫忙，到最後甚至是這些孩子主動來選書共讀，變成四十一個同學在拉車，換我坐在車上了。這應該也是「擇善固執，不變隨緣」的結果吧！

父母的家庭作業

擇善固執，不變隨緣

教養孩子也需要目標

我認為這個靈修主題也可以套用在「父母對孩子的教養問題」上，雖然沒有單一的方法可以適用在所有的孩子身上，甚至應該說，每一個孩子都需要不同的對待方式，可是這不代表父母教養孩子就不需要目標，不能建構遠大的夢想、不能堅持下去。換言之，父母應該學習「擇善固執，不變隨緣」這個靈修主題，在堅持夢想的前提之下，用心為孩子創造實踐夢想的能力、尋找實踐夢想的方法。

許多孩子會固執地以各種脫序的行為、怪異的表現來測試家長與老師，大人們在面對這種狀況時，往往會忽略掉大方向，忘記了「擇善固執」的重要性。如果大人們懂得跳過那些測試，平和地面對孩子，放過眼前的枝微末節，專注在堅持目標上，那就是做到了「擇善固執，不變隨緣」。不過，身為父母者也必須確認：堅持的目標，究竟是誰的？究竟是對誰好？而不能將自己的夢想投射在孩子身上，也不能假借「我是為你好」之名而一意孤行，忘了反省所謂的好，到底是對誰好？

如果我們能懂得尊重孩子、願意扮演輔助的角色，而不是站在主導的位置，那麼就能夠以孩子為重心來決定目標，設定共同堅持的方向。接著，親子之間所要討論的就只有實踐的方法。換句話說，家長只要抓住大方向，在小事情上盡量保留最大的彈性空間，再藉由經常討論，找出各種方法的可能性，如此，親子之間的衝突就會減少，遇到爭執也比較能夠以幽默來化解了。

在我教學的生涯裡，經常看到許多家長將自己現實所面臨的困境，強加在這些熱血的青少年身上。高中生的家長多半是四、五十歲，正是人生中現實感最沉重的時候，而孩子們卻正處於青春奔放的黃金時期，不但無法體會這些現實的困境，也無法接受大人們的擔心有其道理。因此，親子之間雖是親愛家人、互相關心，可是對彼此的看法卻互有出入：家長自認是民主開放的，孩子卻認為父母是假民主，表面開放其實限制很多；家長雖想與孩子做朋友，但又放不下身段，或者覺得孩子不願意接納自己，而孩子則認為家長總是管太多，一點也不像朋友；家長的出發點雖然是關心，可是說出來的話、做出來的行為，卻讓孩子覺得是冷嘲熱諷、漠不關心。

在事情發生、意見相左時，家長若堅持自己一定是對的，而孩子也正值血氣方剛，那麼兩方就會針鋒相對，難以溝通了。因此，在希望他們想清楚根本的問題，不要「固執」在自身的立場上，還認為堅守立場就是「擇善」的前題下，我會對孩子們說：「既然我們有錯，就先道歉吧！難道你要期待爸媽先跟你道歉嗎？」另一方面，我也會對家長說：「我們是成年人，理當有更宏觀的角度，更寬大的胸懷去包容、關愛孩子吧！」其實，只要雙方都懂得調整心態與方法，先做到「隨緣」，就極有可能達到彼此都能接受的善。

總之，「擇善固執，不變隨緣」可以幫助我們不要在情緒上處理事情，不要在方法上鑽牛角尖，不要讓小事情的干擾，影響了大方向的實踐。

同學的體驗

從小地方開始堅持

「擇善固執」就是指選擇對的事，然後堅持它；「不變隨緣」就是指不要輕易改變堅持的目標，但如果事情沒有如我們所願的變化，就暫且先順其自然吧！只要懂得堅持目標，隨緣的方法是可以很多的。

有時在上、下課時，有些同學會基於好玩，小嗆一下別人、引起一些小衝突，卻沒人了解不少的「霸凌」事件往往就是從這些小動作開始的。我絕不會因為一時興起就去傷害別人，這既不是為了討好別人，也不是為了想得到好名聲，只是知道：不對的事，就不應該去做。就算沒有人要聽我的勸告，那也沒關係，因為我知道要改變一個人的個性、習慣，在短期內是不可能的。但隨著時間的流逝，我想大家一定都會往好的地方發展，希望我們班的同學可以一直和平相處下去。

一輩子的課題

高一會面臨的重大抉擇就是「選組」了，老師在接近選組的時候，告訴我們這個靈修原則，就是要提醒我們好好的選擇。選組單發下的時候，我毅然決然的勾選了一類，媽媽雖然不同意，但還是幫我簽了名。

在簽名之前，媽媽一直拿三類和一類作比較，比如「一類未來能做什麼呢？三類的選擇比較多啦！」等等話，以及未來的出路、姐姐的經驗來試圖說服我，改變我的決定。在知道我的朋友們都選自然組後，更是大打友情牌：「你看！你的朋友都在自然組，你這樣會很孤單喔！」這友情牌的確打得好，讓我都開始有點心動了，原本堅定不移的志向更是開始動搖了，甚至還想「反正很多自然組的人也是『假三類』，我應該還好吧？」但是經過深思後，我最後還是決定「固執」下去。

至於「不變隨緣」，講的則是方法，老師還跟我們說這句話其實不夠完整，完整版應是「不變隨緣，隨緣不變」：如果我們的目標是要攀登一座大山，那麼只要登山的目標不變，不論是開車上山，或是用腳一步一步爬上去，都要懂得觀察當時的情況，並隨著當時的機緣來作調整，這就是「不變隨緣」；然而，老師也說「隨緣不變」更是一大挑戰，因為選擇登山的方法固然可以很隨緣，但隨緣的彈性卻不能大到足以改變一開始的目標，必須抱守本心，永遠記得當初的堅持，才不會在登山旅途中，被路邊的風景迷惑而走上叉路、離目標越來越遠。許多人就是因為沒辦法掌握隨緣的彈性和範圍，才會發生很多影響社會的大事。

「不變隨緣，隨緣不變」這短短八個字，包含了很多人生中重要的課題，例如「如何選擇？」、「選你所愛，愛你所選！」、「如何掌握方法變化的尺度？」等等。

讓我深深的體會到靈修不是一時的，而是需要持續一輩子的功課，真是慶幸我們在高中就已經比別人先跑一步，先開始思索人生課題！

在每一個人身上看見神、看見佛、看見人

韋勳

同學相處久了，缺點漸漸浮現出來！我們不只要學習包容，更要互相砥礪！在每個階段遇到的人，或許是個過客，也或許是個貴人。靈修課程或許告了一個段落，但我們依然要持續著，當我們能在每個人的身上，看見神，看見佛，看見人時，就真的達到靈修的目的了！

光哥

我們看人容易有成見，因為我們總是依靠經驗在生活，偏偏「經驗」常常使我們固執不知變通，常常讓我們過度依賴而掉以輕心。「寫給班上每一位同學的祝福」這個活動，就是為了讓同學們深刻體會這樣的情況，而這種體會對靈修具有極大的幫助。

消弭成見、化解無明執念

學期快要結束了，同學們雖然累積了五個靈修主題的經驗，但對於「在每一個人身上看見神、看見佛、看見人」這個主題，我還是設計了「寫給四十個同學想說的話」這個暖身活動，一方面幫助同學更落實最後這一個靈修原則，一方面也讓大家回顧了之前的五個靈修主題。

為了這個暖身活動的鋪陳，我在第一週時，要求同學們在週記上寫出對班上十位同學的優點，說出發自心底的讚美，或是以正向的語言來建議同學如何可以更好？這樣的做法，一來希望孩子們能藉此整理出這一年的靈修心得；二來也是希望透過文字，讓同學表達出對另一位同學的祝福之意，同時也檢視自己的靈修成果。然後，在第二週時，我才正式公布這個活動的主要目的，並點出第六個靈修主題為「在每一個人身上看見神、看見佛、看見人」，除了解釋其中的義涵外，也勉勵同學們要懂得去欣賞每一個人，並期待他們在未來還能夠持續靈修。然後請他們以三週的時間，繼續寫完給其他三十位同學的祝福語。

我們看人容易有成見，因為我們總是憑藉經驗在生活、在作判斷，偏偏經驗不是讓我們掉以輕心就是不知變通，甚至陷入固執的迷障，讓我們經常聽到或說出這樣的話：「為什麼你每次都這樣？你老是這樣，講都講不聽！你到底要我說幾

遍才聽得懂？為什麼你什麼事都做不好？為什麼你每次做事情都不用心？」說出這些話的人，是因為過去的經驗在作祟，所以無法把每一件事分開看待，忍不住就想要去翻陳年舊帳、牽扯出毫不相干的事情。

這個靈修主題的精神義涵，就是提醒我們不要被經驗綁架，需要消弭成見、化解無明的各種執念，督促我們明確的面對、處理好眼前發生的每一件事情，然後，一方面用單純的心來看待其他人所犯的錯，適時給予他們所需要的幫助，另一方面則在心中挪出空間看見其他人的美好，給予鼓勵、讚美。換言之，如果我們覺得自己或他人並不完美，就應該以改過遷善為目標，努力去反省、理解、改正自己與他人的各種錯誤行為，而不要受困於經驗，一味地以情緒發洩為先；如果我們覺得自己或他人的人生還有一些美好的東西存在，那麼就更應該以美好的心眼去看待身邊所有的人事物。

許多同學在我說明這個主題之後，決定要更新寫給同學的話，因為他們又有了新的體悟。他們沒有怪我不先公布主題，卻深刻地反省自己靈修的不夠用功，讓我非常感動。

相信孩子，欣賞孩子

從家長的角度來看這個靈修主題，基本上就是：相信孩子，欣賞孩子。

出生就罹患「假性軟骨發育不全症」的何美意老師，身高只有一二六公分，個子短小的她走起路來一搖一擺，活像隻醜小鴨。但是她樂觀開朗的個性，使她擁有與所謂的正常人一樣的美好姻緣。與先生結婚十四年之後，他們渴望擁有自己的孩子，可是醫生卻告訴她：「你的病是會遺傳的。」何老師說：「那時候，我好氣上帝，為什麼把自己生得與眾不同？為什麼連想要擁有自己的孩子，都無法如願以償？不過後來上帝對我說話了。上帝清楚告訴我：『美意，在我手中，沒有敗筆，妳不是我做壞了的器皿，我把妳造得這麼特別，我會特別記得妳。』」就這樣，美意老師有了兩個可愛的女兒，她完全不在意別人怎麼看她，反而常說：「上帝看我是祂珍貴的寶貝，而且獨一無二。」

同樣的，孩子就是我們的寶貝，家長可以因為孩子犯錯而生氣，可以因為孩子不聽話而難過，可是就算生氣、難過，也要清楚的讓孩子感受到你的愛。這是非常重要的！我們看到許多行為偏差的孩子，他的家庭往往也藏著許多問題。許多的罪犯追溯他們犯罪的原因，也多數與家庭不溫暖，得不到父母親的疼愛有關。有些家長一心只想到要好好教養孩子，卻忘了自己的身教也很重要，忘了使用嚴厲的責罵，甚至動手打孩子的方法，常常適得其反。孩子們不但不能體會父母的一片苦心，反而仇視父母。

我們倒不是說孩子不能打、不能罵，我想跟大家分享的是：無論我們用什麼方法，都要讓孩子先體會父母的愛！簡言之，就是當我們面對孩子的各種問題時，不要先發洩情緒，只想到處罰，否定孩子，應該要先了解孩子的想法，了解他的動機，並且幫助孩子反省，讓孩子明白我們所看到的問題是什麼？我們的想法是什麼？可以如何改進？

當然，遇事可以如此冷靜的背後，就是「在每一個人身上看見神、看見佛、看見人」這個靈修主題的義涵。我們如果可以這樣的看待每一個人，我們當然更可以毫無疑問的相信我們的孩子，欣賞我們的孩子：犯錯了，當做是他學習路上的重要考驗；失敗了，幫助他學習到成功的方法；難過時，陪他走生命的低潮；歡喜時，與他分享彼此的歡樂；做得不好的時候，先看看他的付出與努力；闖禍的時候，先安撫他的恐懼、聽聽他內在的聲音；孩子決定要勇敢面對了，我們就是他最大的後援；孩子決定放下了，我們會是他轉進的港灣。

大人不是常說：「家是孩子永遠的避風港嗎？」那就用心的去建構這個安全的避風港吧！當孩子不好的時候，我們應該要反省是不是自己沒有用心教？當孩子不乖的時候，我們應該要反省是不是自己沒有給孩子一個好的學習典範？

我們真的要用心想想：我們是大人，應當要有更強的反省能力、更大的包容空間、更高的生命理想、更長遠的願景視野，我們應當要比孩子被要求得更多，但是，我們願意去面對嗎？我們願意去學習嗎？

同學的體驗

在每個人身上看見神、看見佛、看見人

每一個禮拜寫給十個人，一開始以為非常簡單。每天遇到同學都會有說不完的話，現在只不過是區區一句話，難道可以難倒我？沒想到才第一週，就發現了問題。聊天很簡單，話人人會講；形容一個人我也可以講得天花亂墜，但下筆沒多久就卡住了。因為寫來寫去，都是「你是一個好人，平常對我很好」、「你人超好的，謝謝你平常都會照顧我」這樣類似的句子，自己看了都覺得不好意思。後來仔細想想才發現，原來所謂跟別人很熟都只是「自以為」罷了，真正的問題是：如何去掌握每個人的特質，看出每一個人的獨特性，把每個看起來一樣的「好人」，慢慢區分出來。

班上總有一些人跟每一個人都處得很好，平常卻很安靜，但當你有需要時，也會義不容辭的幫你，如果只用「你人很好」這種籠統的詞，想想都覺得對不起他們。因此，藉這個活動，我仔細回想一年來這些人的種種言行，原本印象模糊的人就鮮活了起來，特質、優點也跟著出現，我的措詞也開始有了變化，可以用心送出對每一個同學的祝福，也從同學那裡得到滿滿的關愛。到此我才真正明白，「在每個人身上看見神、看見佛、看見人」是為了讓我們能夠看到別人的長處，並將對方的缺點，以鼓勵、正向的語言告訴他，和他一起改進、成長。

四個禮拜後的班會課，范姜和我，還有萌婉老師抱著一箱大家滿滿的祝福，在「送你這對翅膀」這首催淚的歌聲中，從門外走進教室。光哥說：「每個靈修主題，每一位同學的祝福，都將是一對對的翅膀，老師希望能將這些翅膀送給大家，希望大家努力堅持，讓靈修的翅膀可以更壯大，帶領著每一個同學飛越生命中的各種艱難考驗。」

我在信裡看到士傑的用心，他每天都熬夜來寫，雖然之後上課都會打瞌睡，卻非常努力一字一句寫出他對我們每個人的話。我看了感到慚愧，因為我給別人的話都只有短短的兩、三行，而且都是些模糊、籠統、不著邊際的形容詞，但他寫給我的卻是長長一大段，每一句話都十分用心，每一個字都是他最真誠的心意。我沒辦法一次把所有信都看完，每看五、六個人就不得不停下，因為怕、怕眼淚掉下來，毓庭在旁邊哭得唏哩嘩啦，害我聽得也想哭了。每個人一字一句的鼓勵，讓我胸中充塞著一種無法言語的感動！看完了會忍不住一遍又一遍的看，珍惜的將它放進書包裡。

我發現：要看見每個人身上的優點，需要很用心，人有多好、怎麼好，也都要仔細的、具體的將他的美善寫出來，這才是對他的肯定、一種莫大的鼓勵。因此，許多同學都跟我有一樣的想法，那就是如果可以，我們真想再寫一次，再一次我們一定可以寫得更好！

老師也告訴我們：這一年的靈修只是開始，如果同學們能從活動中有些體會，願意繼續堅持下去，那才是最重要的事情。你們想要再寫一次，那就表示大家有在用心、在反省，這就表示我們的靈修有了很好的開始啊！

是的，我們會認真記住老師說的話，我們會用心成為靈修的種子，散布在不同的角落，用心的灌溉耕耘，讓這樣的好事傳揚出去！

我沒看見的還有很多很多

怎樣的人算是好人？囚牢裡的犯人難道就沒做過一件「好事」嗎？好人好事的代表，難道連一點違背良心的事都沒想過？今天你看到的是他的哪一個側臉，就勾勒出他在你心中的模樣，但事實往往出乎你的想像！靈修原則「在每個人身上看見神、看見佛、看見人」教給我的是：每個人都有缺點、都不可能完美，但你可以選擇更好的方式看世界。在看見神、看見佛時，是去記住認識這個人所帶給你的快樂和感動，去看到人性之中的純真高潔；看見人時，則是想起自己也有不夠好的地方，然後接受他的缺點。用這樣的鏡頭去看這廣大的世界，我開始覺得很多事物其實都善良可愛、討人喜歡！

整理、打完奕廷的共讀心得之後，我突然有種愧疚的感覺，同班朝夕相處一年不算短的時間，而我對他的了解究竟有多少呢？在「寫給班上每一位同學的祝福」這個活動中，我寫出了主觀方面，對這個人的看法，但直到這時才驚覺，無論相對薄弱或是自認已經夠深厚的認知，都不可能是這個同學的全貌。原本我只覺得奕廷很低調，個性很隨和，看到他的心得才了解其實他也有顆熱切而體貼的心，也對共讀活動充滿想法和熱情，而這些我卻沒看見！

偶然一次打電話給承動，感動於他的親切和思慮周到，在平常學校的相處中，我卻忽略了。脾氣偶爾暴衝，雖然是他的缺點，但細心善良卻更是他大大的優點呀！怎麼我之前都沒看見？事實上，我沒看見的還有很多很多。我也必須坦承，其實靈修在我身上尚未真正成功，因為我難免還是會想著，為什麼我已經試著第一個去讚美別人、第一個給人信心，卻得不到回饋？我渴望的那種關心和注目，體貼和鼓勵，為什麼總是還少那麼一點？成長的旅程中，我往往為了別人的「你好棒喔！好佩服你喔！」而汲汲營營，馬不停蹄的忙，盼望得到更多掌聲。只是當年那個在我眼中還小小的、以為觸手可及的世界，早已隨著白駒奔馳拉展開來，當我認識更多人，看到的風景越美，「成功」似乎就更遙不可及，標竿越拉越高，我就越來越顯得渺小，讓我常在夜裡黯然神傷自己的平凡和不足。

在松山高中度過的第一年，很慶幸自己能遇見107班，遇見光哥，接觸到靈修。這個長長的暑假，我想了很多問題，我終於能慢慢走出「沒人看到我的努力」這個黑暗隧道，因為我忽然發現：「在每個人身上看見神、看見佛、看見人」裡提到的每個人，難道沒有「自己」嗎？我認清了自己的不足，所以知道要更努力，可是我該了解我的努力不是為了別人、不是要炫耀給誰看、評比誰得到的「讚」更多、人氣更高，應該是慶祝自己能做到好多自己想做的事、想達到的目標，可以訂做一個自己想要的人生，這的確是值得祝賀的，自己應該要為自己鼓舞，然後，再去鼓舞別人，這就是我想通的道理！

前方的光線的確有些刺眼，但卻令人雀躍，在看這篇文章的各位，別忘記「每個人」裡面包括的自己，我們都有些小缺點，但我們也有別人還沒看到的那個側臉，那一面可是有著說不完的優點呢！

沒有意識到自己發現了什麼

這連續四個禮拜寫「給班上同學的祝福」，一直讓我覺得有些困難，不是缺少發現，而是沒有意識到自己發現了什麼。我總是很本能的去了解一個人，而不是用心去了解一個人，所以很難寫出對同學的看法，就算有，也是依據他們外在的表現。所以，那一陣子常常搜索枯腸，卻也寫不出什麼。

直到有一次，無意間和同學聊天，聊著聊著我才突然了解到，不是我不了解同學，而是沒有意識到自己了解了什麼。後來，漸漸的我發現自己正在不知不覺地開始認真觀察同學，在每一位同學身上，我看到了不同的優點，像是范姜淡淡的自信、黃鈞的感性、毓庭的有主見等等，有些是早就知道，卻沒有意識到，有些則是透過後來的觀察才得知的，不論如何，都讓我收穫良多。

這一次活動，讓我對同學更了解，同時也更了解自己；在發現他們優點的同時，也會注意到自己的缺點，並學習他們來改進。這些領悟，雖然沒有在「給同學的話」中寫出來，但是卻也因為寫了「給班上同學的祝福」後，才讓我真正懂得「每一個人身上，看見神、看見佛、看見人」這個靈修主題的義涵，看見他們的優點。

12 從班級活動實踐靈修

我認為學校的任何活動，如果不能在其中賦予教育的意義，就應該停止辦理。或者也可以這麼說：每一位老師都應該在學校的每一項活動中，賦予教育的意義，並思考出如何確實達成的方法。因此，我會在所有的活動之前先思考一下：這個活動究竟有沒有教育意義？活動要教給孩子的是什麼？我還能不能放入什麼值得教給孩子的東西？必要的時候，我還會主動向行政同仁提供建議。

基於這樣的想法，107班所有的活動，包括校慶園遊會、「丟包袱」、聖誕感恩、合唱比賽、班級共讀，我都希望它們具有教育的意義，更希望孩子們可以從活動中，或多或少學習到一些東西，足以幫助他們的身心靈成長。

園遊會

園遊會的主軸，絕不只是討論「販賣什麼東西」而已，因此，我通常都會要求同學們以經營一家公司的角度來思考：如何分配人事？如何做好工作流程的管理？希望他們可以從中學習到分工合作的「團隊」真義。當然，如果以經營的角度來看，賺錢很重要，但我也會提醒「這是一家不以營利為優先的公司」，同學們不要去學那些官架子，只是話說得好聽，而是要從具體的付出中學習，我還會要求他們做公益：要捐出多少攤位收入（不是營利所得）作為公益之用？要捐助給哪一個公益團體？

老師的小叮嚀 & 同學的真心話

翻過心牆之後

高一園遊會，我自願擔任總召的工作。老師細心地為我指出一個大概的方向：「先分為採購組、器材組、財務組、文宣組，然後選出組長。」接著，不管是挑選組長、分工，還是討論園遊會要販賣、要準備、要由同學分配帶什麼東西，都進行得還算順利，大家也都自動自發的扛起責任，我覺得這是「第一個去給」所形成的力量。

園遊會前一天，再次確定當天工作分配的時候，光哥還對我們說了一個至今讓我記憶猶新，也很受用的觀念：「你們要有『補位』的觀念！就像打籃球，當對手突然跑出一個空位，沒有人防守的時候，你就需要趕緊上前代替原本該防守那個位置的人，而不是說：『他是某某人負責防守的，不關我的事』。同樣的觀念，當你座位附近有垃圾的時候，你也應該要主動去撿，而不是推說：『那不是我丟的！』明天的園遊會活動也一樣，雖然同學已經分配輪值表了，可是大家仍然需要主動些，看到哪裡有空位、缺人手，就主動補位上去幫忙！」

是啊！當一件事發生後，總有一群人互相觀望、等待著，有人會想：「誰要當出頭鳥啊？傻鳥一隻，第一個被獵人瞄準的都是這種人。」也有人可能是膽小怯懦、不敢出頭，或許也有人其實是想上前幫忙，卻因為觀者如堵，堵住了提供救援的道路，也在我們心裡立了一座高聳的大牆，擋住我們想幫忙的念頭。

從帶領全班完成園遊會的過程，以及老師的這些話裡，我體會到：原來當時我願意擔任園遊會總召，也算是一種「第一個去愛，第一個去給」，就算我的付出微不足道，卻能帶領其他人也一起來付出，讓這「第一個付出」具有承先啟後的巨大價值。正因為第一個給了、第一個愛了，才會知道原來一直阻擋在自己面前的高牆，也不過是一間稻草屋，風一吹就倒了。而翻過心牆之後，再回頭看，你所踏過的足跡旁，一定會多出許多伴你前行的步履！

處處有靈修

在選園遊會的工作幹部時，我自願選擇了採購組組長。剛開始時，我把它當成了一種挑戰，希望能夠藉此培養自己談判和比價的技巧，過程中，卻發現自己雖然很想做好，卻使不上力氣。直到有一次的討論，我看到園遊會的總召為了同學的不認真而大發雷霆時，我頓時領悟到了自己身為組長所應該背負的使命，有一股鬥志從內心深處湧了上來，急切地渴想要完成這個任務。於是在接下來的幾天，反省了很久，也洽詢了幾個店家，雖然到了最後，還是接受了其他同學的幫助，但我並不覺得有什麼不好。

這次的經驗對我來說是一個寶貴的學習歷程，我學到的不僅僅是辦事技巧，更體認到了「認真」、「負責」的重要性。後來在與老師討論的過程中，我也發現，這其實就是告訴我們：在做事情的時候要「誠意正心」；在與他人合作時要「給人信心、給人希望、給人歡喜、給人方便」；在團隊中要懂得「第一個去愛，第一個去給」，真是處處有靈修啊！

丟包袱

「丟包袱」是實習老師萌婉提出的構想，是一個幫助自己檢視當下生命內涵的有趣活動。什麼是「包袱」呢？對一些事情，例如家人的關愛、升學的壓力、親友的期望、老師的督促等等，有時覺得令自己充滿鬥志，有時又感到厭惡至極，這些就是「包袱」。

人的一生中，總背負著許多「包袱」，從出生開始我們就可能面臨許多嚴格的限制與規範，許多瑣碎嘮叨的叮嚀，有時覺得感恩，有時又覺得麻煩。有些包袱我們急著想要丟棄，卻怎麼也放不下；有些卻是我們願意負荷的包袱！

究竟我們該如何面對這些包袱，是丟掉？還是去承擔？活動的做法是：由老師準備好紙、筆和紙袋，請同學在紙條上寫下自己的「包袱」。寫下包袱之後，再讓同學們五－六個人一組，分享自己的包袱，說說這些包袱對自己的影響是什麼？也聽聽其他人有哪些包袱？有什麼想法？然後，同學們自己決定要卸下哪些包袱？並將這些包袱丟在紙袋中！接著再請同學分享他卸下包袱的理由是什麼？又為什麼要去承擔那些保留下來的包袱？

甜蜜的負荷

原本我以為升上高中後的生活，一切都將會精采而美麗！

在我印象中，「高中」絕對是一個充滿正面意義和憧憬的階段，感覺人生中有太多美好的事物要在這時候發生，像是可以認識一個能夠懂你，可以真心對待你、可以相知相交到老的好朋友；可以談一段酸酸甜甜、刻骨銘心的初戀；可以名正言順的做自己喜歡的事情、參加期待已久的社團活動。

想像中，一切似乎都是那麼的吸引人！但踏進高中後，我卻發現了許多和想像中不同的地方——只因有各式各樣的「包袱」壓在身上，要擔心、要煩惱的事真的好多好多。幸好有靈修，老師帶領我們一起以「誠意正心」面對生活與學習，所以在面對大大小小的「包袱」時，我試著釐清那些困擾著我的一切。

首先是友情，升上了高中後，不能和國中時期的好朋友們經常膩在一起，有時候大家好不容易相聚，談到新的生活經驗或是新認識的人時，我一方面替大家感到開心，卻也害怕我們會因為這些差異而漸漸疏遠，害怕那些曾經約定好的事情會消失在我們心中。但最後，我體會到「給人信心」的重要，了解到真正的友情應該建立在信任之上，所以選擇相信我的朋友們，而不是懷疑，因此，我將丟棄這個庸人自擾的包袱，給予大家滿滿的祝福和支持。

接著，是最困擾我的課業壓力，在文科，我碰到許多瓶頸，更不用提那些我原本就不太拿手的數學和自然類科目，總覺得有一道道的關卡在等著我，讀書的投資報酬更低得嚇人，在爸媽擔心我、責備我時，真的會有個聲音悄悄的從心底冒出：「乾脆不要準備考試好了，反正念了，也不一定會考好。」但我不敢也不想，我清楚明白那只是賭氣，因為我心底真正的聲音其實是：「很抱歉，這次又讓你們失望了。」

熬夜苦讀後，成績還是差強人意，我理解父母會驚慌、會生氣、會想幫助我，可是我自己也很難過呀！畢竟我才是那個讀書讀不好的人，或許大人覺得沒什麼，其實有些字句已在無形中傷害了我，甚至讓我控制不好脾氣而頂嘴，但我真的不是故意要吵架，也知道父母的所作所為是在乎我，更感恩父母付出的這一切，所以，無論這個關愛的包袱有多沉重、多麼難以負荷，我都會選擇承擔，但是我得學會「緩於發怒」，學會「給人信心」，學會「在每個人身上看神、看見佛、看見人」，學會從靈修中讓自己更堅強，更有力量承擔起這些甜蜜的包袱！

聖誕感恩

凝聚班級向心力的方式很多，在重要的節日辦活動是個好方法，像是聖誕節，我就會請學生規劃兩個小時的感恩活動，可以吃吃喝喝、可以表演才藝，老師則可以在這個歲末的活動之前，舉辦感恩小卡片活動配合。

讓學生規劃整個的活動，可以培養他們組織企劃的能力，讓學生表演當然也具有教育功能。我請學藝股長幫忙以海報紙做成兩個大型的聖誕樹，再發給每位同學數張小卡片，請他們認真思考過去一年之中要感謝的人是誰？要說的話有那些？想要鼓勵的人是誰？要對他說些什麼？未來一年的期望是什麼？然後，將小卡片貼在聖誕樹上，放在教室的兩側分享給全班同學。

今年的聖誕活動中意外的出現了一個小插曲，本來要輪到表演的一組四人舞蹈節目，其中一位同學卻臨時不願意去換衣服表演。我並不知道事情的細節，只在那位同學的耳邊提醒她：「想想靈修的主題，不要在情緒上處理事情」，然後靈修的力量就發揮作用了。

完美聖誕

聖誕節前一個月左右，老師很開心的宣布要辦一個聖誕歡樂活動，並且希望同學們能主動安排節目，這時班上有同學跳出來擔任活動總召，我也被邀請演出，於是很開心的找了三個好朋友一起參與，接著就是緊鑼密鼓的練習，不管是下課、午休、放學，甚至是假日，大家都在默默苦練舞步，為的是表演那天的完美演出。

到了表演那一天，在我們準備去換表演的衣服時，其中一個朋友說她不想換，我們很錯愕的看著她。「為什麼？」我有點生氣的問她。「我帶的衣服和妳們的不一樣，上去會很怪啦！」她不高興的低頭說著。「換啦！之前都練習那麼久了，現在就放棄，那之前的努力不就白費了？」大家繼續勸說，希望她能回心轉意。「衣服就跟你們不一樣嘛！你們快去換啦！不然等一下來不及表演。」

最後，我只能催促著朋友們先去換衣服，換好回來之後，發現老師在跟她說話。她的頭仍然低低的，每聽一句話就點一次頭，這時我們也走過去勸她。突然，她深吸一口氣，彷彿下了重大決定地說：「等我一下，我去換衣服！」雖然，她臉色還是不太好看，不過四個人又能一起上場表演，開心都來不及了，哪還顧得了這麼多。

表演結束後，我們贏得大家的掌聲與歡笑，當下真的好滿足、好開心，這麼多日的練習總算有成果。

等所有節目都結束後，我偷偷跑去問她，她才滿腹委屈抱怨著：「你們臨時改了服裝卻沒跟我說，也沒順便幫我帶一件，是不是不希望我上台表演？」但看到大家又一直苦苦勸她，讓她很不知所措。後來老師勸她：「不要在情緒上處理事情，用心想想，因為這點委屈而可能失去幾個好朋友，也可能讓原本歡樂的活動變了調，值得嗎？」她當下想到靈修的「緩於發怒」，感覺到自己的委屈真的不算什麼，說不定真有什麼誤會呢？

事後，我們都跟她道了歉，因為沒考慮周全，才造成了這個大疏忽，我們很愧疚，也希望她能夠原諒我們。當時我們以為以她的個性，大概會狠狠的臭罵我們一頓吧！但她什麼都沒做，就只是笑笑的說：「沒關係啦！一群傻瓜！」我們看著彼此微笑，然後抱在一起大笑！當時我心裡想：「原來我們的靈修課可以帶來這樣的好結果啊。原來朋友就是無私的付出，勇敢的承認錯誤，一起承受後果，一起默默愛著彼此。」

經過這次事件後，我學習到在面對情緒時，不能讓它來指揮我們，應該要慢慢地消化它，學習「緩於發怒，敏於寬恕，勇於道歉」。另外，我更了解到，愛不是用嘴巴說說而已，而是要真的身體力行，雖然這只是一年裡小小的插曲，卻足夠我們放在心裡甜蜜一輩子。

合唱比賽

高一下學期有一個全校性的大活動——合唱比賽，各班同學無不卯足全力，因為這是全班團結與榮譽的象徵。我們班在合唱比賽得到了優勝，我不敢說全是因為靈修的力量，可是看他們寫出練唱與比賽的過程，我覺得靈修確實發揮不小的作用！

讓這裡充滿音樂吧！

Let There Be Music

從高一上學期末被指定為合唱比賽的「總召」，到高一下四月上旬比賽結束，這段「一起唱歌」的事，讓我體驗了許多歡笑與淚水，也學到了許多從前沒有經歷過的心靈感受。

因為強烈的使命感在推著我，我常常會利用閒暇時間回想以前國小音樂老師怎麼教合唱，在上音樂課時，也會興致高昂的把每一聲部的旋律都學起來，然後利用第八節課，號召同學一起來練習。然而，每次練完唱，都有快要虛脫、昏倒的感覺。除此，為了有些同學說我指揮的「動作怪異」。為了不因為我的指揮太糟糕而影響到比賽結果，好強的我每次經過大鏡子前，就對著鏡子練習指揮的動作，甚至一邊寫功課，一手還跟著收音機的音樂揮來揮去，還為了要利用打掃時間找老師練習，而提前一節課做打掃工作。

練習期間，因為還沒聽過別班練習，不了解我們班的特色在哪兒、更不知道要怎麼表達、怎麼改進？心中的焦慮日益增加。可是，同學們常常因為練社團、補習、看醫生等等許多看似比合唱更重要的事而缺席，讓合唱團總是湊不齊人數練習，尤其那些應該多加練習的人，卻一直不出現，讓我除了無奈，更是心急。

比賽前幾週，因為壓力實在太大，不安的情緒不小心爆發出來，嚇到了同學。一直被高音部拉走的女低音，不但沒有因為我的怒氣而變得更好，反而越唱越膽怯；那一陣子回到家中的我，常為了一點芝麻綠豆小事而大發雷霆。直到媽媽說：「自己的壓力要自己承擔，不要把壓力發洩在別人身上！」我才驚覺：人在緊張時，是不會有共鳴的。

比賽前幾天，我在facebook上發現同學提出許多對合唱團有建設性的建議，還互相加油、鼓勵。我發現，當有一個人開始替大家打氣，一股堅強的信念就會開始蔓延在每個人心中，讓我深刻的感受到「第一個去愛，第一個去給」的力量。而且，當大家開始互相加油，即使我們知道自己還做得不夠、還有許多可以再改進的地方，但至少已經做到「給人信心，給人希望」。

比賽前一天，我看著自選曲的歌名「讓這裡充滿音樂吧！」（LET THERE BE MUSIC），我試著說服大家比賽時用「表演」的心情上台：同樣都是上台唱歌，「比賽」和「表演」的感覺差在名次，而我們總是把比賽的名次看的太認真，才會有「上台會緊張，表現會打折」的說法；相反的，如果我們用「表演」的心態上台，就能夠有「上台有信心，表現會加分」的成果。我想，這大概就是靈修原則中的「擇善固執，不變隨緣」吧！同樣的事情，換個想法心裡就舒服許多！

比賽時，我對著評審微笑敬禮完畢，轉身面對同學，看到大家掛著微笑的臉望著我，頓時覺得好安心，於是我一邊指揮，一邊用帶著笑容的誇張唇語提醒他們歌詞，我發現同學們果然也以歡樂的歌聲回應我，此時的我不再只是一個節拍器，而是一個活生生能與大家融為一體的指揮了。當我收完最後一個音，轉身、敬禮，耳邊響起如雷般的掌聲時，我還像個薑餅人一樣，沒回到現實世界，直到再次轉身示意大家準備下台時，我看見每一個人都用開心、滿足的微笑看著我，我才赫然發現：原來名次真的一點也不重要！感受大家在一起的共鳴和默契才是我們自選曲「LET THERE BE MUSIC」最重要的意義！

從比賽前到下台的那一刻，我用了極大的努力和誠心跟大家一起練習。我感謝有些同學不會因為被我點名不夠用心而對我心起反感，甚至還覺得很不好意思的跟我道歉，我感謝許多同學的共同投入而不覺得辛苦，我更感謝各個分部主動的付出練習，感謝大家如此的用心，不但讓合唱比賽成為一場「給人歡喜」的音樂表演，更讓我們唱出了屬於107獨特靈性饗宴！

扭轉情勢的關鍵力量

我永遠記得那天的練習，全班集合在音樂教室，各聲部都在加緊練習，然而男低音始終無法唱到指揮要的標準，指揮只好集訓男低音聲部的同學們。在一旁的我，看見范姜臉上寫滿著急和忐忑，低音部同學臉上則是一張又一張疲憊的模樣。我感覺到這堂合唱練習課，讓彼此心中都有了疙瘩，讓雙方都帶著不愉快的心情走出了音樂教室。

上課了，我發現范姜趴在桌上痛哭，看著背負著許多人的指責和不耐煩而累壞的她，心裡頭很著急，卻覺得無論是多大的安慰，應該都無法安撫她吧？但是，我也想到「給人信心」這樣的靈修原則，於是，當下什麼也沒說，只給她一個大大的擁抱，只希望她重拾信心。晚上，我在班級的臉書上，看到她寫著：「對不起，今天的練習少了笑聲！」霎時間，我心揪了一下，我知道她非常看重這次比賽，而她卻這樣勇敢的反省並承認自己的缺失，只為了讓下一次練習能夠更有效果，讓大家回到充滿笑聲的往日。我在她的身上看見了「勇於道歉」的力量。

一個微笑就可以很溫暖

范姜對於我們的合唱比賽真的

很投入，從第一次練習到最後的表演結束，我感到她的用心從來沒有減少過。本來班上同學對於合唱的態度都不同，有的很隨便，有的很認真，而隨便的人卻又占多數，但認真的人沒有放棄，就是要擇善固執！隨著練唱的次數增加，來練唱的人越來越多，到最後幾乎全班都來了。那時候看在眼裡真的很開心、很感動，本來不願意唱出口的人，也開始願意去請教會唱的同學；原來就很認真的同學，也不會因為他們一開始不認真而不去教他們。同學們這樣互相包容，讓我感受看到「第一個去給，第一個去愛」的感動。

我們的合唱，從一開始各唱各的，一盤散沙，到後來大家卻巴不得能一直唱一直唱，真的很開心。和大家一起唱歌時，心裡面沒有別的事情，只有歌詞和一種說不出的愉快感覺。當布幕拉起，台下有好幾百個張臉望著我們，但我相信在那短短幾分鐘，大家的眼裡一定只有范姜的微笑，「給人歡喜」就這麼簡單，一個微笑就是可以這麼溫暖。

到現在，我還是會有想找大家一起Let There Be Music的衝動XD！

燦爛的笑容

對於這次合唱比賽的心得，簡直是滿意再滿意！雖然，一開始並不是那麼理想，彼此的向心力好像沒有那麼的足夠，打PSP的，聊天打屁的，根本一盤散沙。當然，我也是其中一個啦！儘管大家都學會了自己的聲部，但合音時，技巧、和諧度還是有待加強，無法完美呈現這首以「Harmony」（和諧）為主軸的歌曲。

於是，班會課時，聲音沙啞而無法言語的音樂小老師，以堅定的態度將她的心裡話，一字一句的寫在黑板上，直到把整個黑板寫滿後、擦掉，再寫滿、再擦掉。這讓我想起靈修的「給人信心，給人希望」，小老師用最簡單又最真誠的話，體醒大家：「問題不在我們沒有天分，而是我們有沒有盡心去做做看！」字字句句都是教人感動又心疼的話，每個人都能感受到她的用心，而我們卻糟蹋了她的心意。在幾分鐘的寧靜、反省後，班上士氣大振，在禮拜五的音樂課，大家都拿出了最認真的態度，想要突破再突破，看在大家的眼裡，這應該是十分溫暖的畫面吧！

比賽當天，身為指揮的小老師不斷的提醒我們要保持微笑，即使她自己是背對著觀眾的，但她還是和我們一樣，把最燦爛的笑容呈現給我們，也許是她笑容的能量傳達到我們的臉部，然後我們再用自己的臉反射出去（好科學的說法XD），這成為了我們班最大的優勢——燦爛的笑容！

班級共讀

107班除了各種活動之外，最特別的地方就是：我們「犧牲」考試時間，拿來共讀。我們也彼此承諾：不考試，可是我們的成績都要進步。但是沒有考試，如何讓成績進步？我跟學生約法三章，說明大部分家長們都重視成績，如果我們把時間拿來讀課外書，學習成績卻退步了，家長就不會贊同我們的共讀。

最後，事實證明：這些可愛的學生們做到了！我們不但完成了上學期的共讀計畫，我們的成績也表現得很不錯。

共讀與靈修

如果說「靈修」是在生活中隨時隨地的省思、進步，那「共讀」就是驗收成果的考試了！

一開始光哥為我們選了《先知》這本書，當作是「共讀」的入門，裡面用了深入淺出的例子闡述很多道理。每次讀完後，光哥都會根據那篇的主題，用他以往的經驗、想法，拋出一個又一個的問題，來刺激我們的思維，甚至提出很多我們以前從沒想過的觀點。

學期末，我們要求老師讓我們自己選書來共讀，接著，再利用一節班會課，從大家提出的二十本書單中，選出《姐姐的守護者》、《蘇西的世界》、《深夜加油站遇見蘇格拉底》、《無畏之心》這四本書作共讀。

《姐姐的守護者》談的是家庭親子關係、醫學倫理、生命價值間的衝突，的確非常適合我們討論。但一開始，大家都顯得手足無措，後來還是光哥出來帶領我們，他不僅以犀利、直接、深入核心的提問，來幫助我們討論那些大家想不到的問題，更帶領我們看到更深一層的問題；他幫我們開了頭，再留待我們細細思考下去。之後，老師說接下來的「共讀」都得靠自己，於是我們進行分組，選出帶領三本書共讀的組長，再討論相關的工作分配。

《蘇西的世界》由聖方當組長，在正式討論的前一天，他召集我們在放學後留下來討論、演練。進行的方式是：先將大家提出的十個問題抄在黑板上，再輪流分享心得，之後再針對每個問題討論。《深夜加油站遇見蘇格拉底》則由奕廷和勝豐聯手出擊，雖然奕廷，平常散散的，可是他的表現卻讓人刮目相看。雅珊還在前一週就把心得打好po上班網！

《無畏之心》由毓庭當組長。我看到毓庭、芩鈺、怡君還有瑋辰留下來討論，筱芸更是早早就寫好心得了！正式討論當天，他們先播放了「無畏之心」的影片，還貼心的先為我們簡介美國與中東地區之間的糾葛、恩怨和衝突。

我覺得「共讀」最棒的是讓本來不讀書的人也開始讀書了！韋廷、皓珉在我們討論《姐姐的守護者》時，完全沒翻開過書，後來被我們討論的劇情、內容吸引，終於克服心中對「厚厚一本書」的恐懼，開始閱讀了！另外，「共讀」也可以為我們披沙揀金，讓我們不致於錯失掉一本好書、一些好的句子，例如我當初看《深夜加油站遇見蘇格拉底》時，只是草草翻過，在討論時，才發現有很多很棒的句子都被我略過、漏掉了，因此，我後來又重新細細的讀了這本書。

「共讀」可以帶來許多好處，但我想最重要的是「共」，藉由大家一起討論，一起深入了解書的內容，除了彼此分享心得感想，更感染了不看書的人，帶動他們一起加入閱讀的行列，一個傳過一個，讓書香遍布整個教室！

我的第一次！

還記得當時剛討論完《蘇西的世界》，便要準備下一本書《深夜加油站遇見蘇格拉底》的共讀與討論，還要選出主持人來進行分工討

論，沒想到，我莫名其妙就被推了出來。我心想：「不要啊！」於是脫口說出：「你們都沒有問我的意見！」沒想到，民主的光哥便真的公開徵詢了我的意見，當時的我其實已經騎虎難下了，如果拒絕應該會被同學譙到爆吧！於是我緩緩的說出了：「好！」

從那之後，我便認真讀《深夜加油站遇見蘇格拉底》，因為我覺得如果主持的太爛的話，大概會被全班唾棄吧！所以我逐字逐句看、畫重點、找佳句，幸好我的組員們都很強，在上台的前幾天狂po心得、佳句在班網上，卻也給了我不小的壓力。一個月之後，當我站在台上，終於了解了共讀主持人的辛酸，剛開始時，台下的人就只是看著你，問很久也沒幾個人要回答，我也才知道原來以前的自己有多麼可惡。但我又不喜歡強迫別人，不想抽籤，幸好我們這組的人都跳了出來，在我們的循循善誘下，大家終於有了反應。

當主持人真的可以學到很多，雖然我在台上，真的是想到什麼就說什麼，但至少媽媽聽到我的事蹟時非常高興。總之非常感謝大家給我磨練自己的機會，當共讀主持人真的是超辛苦卻又超爽的啦！

感謝有共讀

從一開始老師的帶領，到我們自己負責主持共讀，這其中經歷了不少挫折。有人不看書，有人不交心得，有人不把「共讀」當做一回事。我急了，也慌了，更發現前兩本書的討論過程，並沒有我想像的順利，直到輪到我們這組，我就在前一週就發表了我的心得，並在網路上積極叮嚀大家要記得看書，希望大家可以跟我一起享受這次共讀的書。出乎我的預料，漸漸有人注意到我的心得，而且也打上了他們的意見。到了討論那天，幾乎全班都讀了書，我們提出的問題也都有人回應，整個過程順暢無比。

我要感謝老師、同學，當然還要感謝靈修，因為「擇善固執，不變隨緣。」使我對共讀這件事如此重視。當然，如果大家都認為共讀是麻煩的，不願意先花時間去維持，那麼這個活動就會變得毫無意義，但我很高興我的堅持帶起了更多人的響應，也讓大家了解「共讀」不只是眼到，還要心到。

13

在生活中感受靈修的力量

我們的靈修是在生活中進行，成果也在其中呈現。過程中，我們看到同學間的互動、個人的心得反省，以及生活的具體實踐，更感受到靈修所發揮的力量。

接納每一個人

在高一快要結束的時候，班上發生一件關於靈修的大事，讓我非常感動。原因是班上有位同學升上高中之後，在學習上突然失去了動力，完全提不起學習的興趣。爸媽很擔心，所以親子之間開始有了衝突。不只如此，這位同學與其他人的互動情況也開始有了很大的變化。不曉得什麼樣的原因，也不曉得從什麼時候開始，他就與班上的同學疏離了。他每天到學校都只是聽耳機、看手機上的網路小說，課也不聽，話也不說。

我從旁了解，原來同學對他的不滿是因為他說話過於驕傲，並且經常用充滿蔑視的口氣來批評別人，於是開始有人對他表示不滿，也出現了幾次口角衝突。後來，大部分的同學雖然不太清楚原因是什麼，但因為他也不太跟人說話，久而久之，就與他疏遠了。

然而，我們進行了將近一整年的靈修，我也提醒他們要多付出，多替別人著想。期間，雖然也有些同學試圖想要改善這個情況，但遲遲未能付諸行動，直到進行最後一個靈修主題的活動之後，終於有同學鼓起勇氣發出具體的行動了。

老師的小叮嚀 & 同學的真心話

我在排擠他嗎？

第一次和他說話，他那強勢的態度讓我感到不悅，從此就埋下了不好的根。後來陸陸續續和他一起吃飯、一起回家，但他的態度始終如一，聊天話題也都是在批評別人、炫耀自己。這樣的情況讓我感到厭煩，最後只想躲開他或是保持緘默。本來以為只有我有這樣的感覺，但後來有些同學開始談論起他來，大部分都是不好的，我也參與其中並且同意他們的說法，於是，大家便自然地冷落他了。

一開始，我以為這樣是對的，沒有任何疑惑！然後，不知道從什麼時候開始，我發現他不和大家說話，整日與手機為伍。老實說，那時我覺得這樣也很好，大家井水不犯河水，日子自然相安無事，於是從那時候起，我都沒有和他說過話。

家長日是我的反省日，我反省出很多事情，其中一件事就是關於他的事情。

那一天，每位家長來時都會和我們打招呼，他的媽媽也是。不一樣的是，他的媽媽開玩笑的問了一句：「嘿！你們是不是排擠我兒子啊？」我們很尷尬，不知道要怎麼回應，說沒有？不是！說有，也不是！

想到老師常常告訴我們，不管對家人、對同學、對老師，說的話都要負責任，而且，各種靈修的基本原則，也都是以愛為基礎。為此，我開始反省自己：

「我們這樣到底算不算排擠呢？」這問題常常在我心中徘徊，我們沒罵他、沒打他、也沒有找他碴，就只是沒和他說話，這究竟算不算是排擠呢？最後，我試著把自己當成他來經歷一次，當下覺得心情很差。如果我整天只能和媽媽、和手機講話，我不悶死也剩半條命！

導出這個結論之後，我也想起老師說的「勇於道歉」、「第一個去愛，第一個去給」。我後悔之前那樣對他，想要去改善我們之間的關係。不過，雖然心裡是這麼想，但是真的好難跟其他同學說出自己的想法，所以就決定自己先去和他說說話！

開始說話後，原先的觀點竟然就慢慢改變了！當我對他說：「嗨！」他也回我：「嗨！」、「ㄟ！不要一直去看手機咩！」、「ㄟ，借我衛生紙」。ㄟ……ㄟ……，雖然我每次都是跟他說這些短短的話，他回答我的話也沒有之前那麼讓我不開心，所以從那時候開始，我變得沒那麼討厭他。可是，在和其他同學談論他時，我還是隨著他們的話題走，雖然心裡覺得這樣很過分，但是真的找不到什麼辦法讓同學們去接受他。

學期末的某一天，韋廷跑來跟我說：「ㄟ，要不要找一天和PT（我有和他本人確認過這個綽號）吃一頓飯呀？我想和他好好聊一聊，應該也有其他人會去。」我聽了還蠻高興的，因為原來不是只有我這樣想，黑暗中已經亮起幾盞明燈了，當幾盞明燈聚集起來時，就會變成一把熊熊烈火！

剛開始，他的回應很冷淡，對於這樣的狀態，我覺得是我們對不起他，畢竟長期沒有和他說話，突然找他說話，他的反應當然就好像陌生人一樣。但是我們大家還是很主動地與他互動，讓他知道除了手機，也還有其他人會和他作伴。

一開始，只有我和韋廷和他一起去吃晚餐，後來加入了奕廷和哲逸，實在是「足甘心」。我們和他分享交朋友的方法、怎麼和朋友說話、對人談話的態度、聊天的內容等等，因為相信自己的真心，也相信他會珍惜我們的友誼，所以我們毫不保留地說出這一學年看到他的大小問題，仔仔細細都跟他說了。

很開心的是，他很認真的在聽，

也把他的感受分享給我們聽。我得知了他小學、國中的生活，也知道他的家庭和心理的問題。說真的，如果要我在一大堆人前面講出我的問題，我沒那個勇氣、也講不出來的，而他的勇氣讓我很佩服！聽完他的許多事情，我覺得很難過，也很開心。難過的是，他遇到之前的我們；開心的是，他遇到現在的我們！

這將近兩小時的晚餐，過得真的很快，和他說了好多話，說完後感覺很開心，因為藏在心裡許久的問題，終於用最好的方式解決了！謝謝他願意接受我們的建議，謝謝一起去談話的人，謝謝班上的同學願意接納他。

我祝福高二之後的他，可以改變他對人的態度，畢竟擁有好的人際關係，是一件快樂的事情！

一起吃個飯吧！

老實說，我一開始遇上他，就讓我超不爽的！因為他總喜歡在別人面前說他自己有多強，然後批評別人有多弱。我知道男人都是愛面子的啦！但是他真的太Over了！

本來以為他只是針對我，後來發現班上同學對他的感覺也不是那麼的好。許多人的想法應該都差不多是：這種同學還是不要跟他在一起好了。於是，他在班上的人氣逐漸往下Down到最谷底，不知不覺，他也就放棄了自己、越來越墮落，每堂課都在看手機、考試被當幾科好像也沒差。我絲毫沒有表現我的同情，甚至覺得他真的很沒出息。

某天，我經過他的位子，不小心瞥見之前填申請入學的表單，上面的自傳寫到：「我從小到大就沒有什麼朋友，國中的時候有兩個很要好的，但我知道那是老師叫他們假裝的……。」看到這裡，我簡直快要哭了，我從來沒有想過從小到大沒有朋友是什麼滋味，但為什麼一個人會沒有朋友？他不知道他自己的問題嗎？假如知道，他又為什麼不改呢？

那天換位子，我坐在他的右手邊。「你好衰喔！韋廷兄，坐在PT旁邊。」同學們小小嘲諷了一下。我當時已經沒感覺了，可能是因為冷落他大概有半學期之久，他對我已經沒什麼殺傷力了。可是，想起他的自傳，又想到我要對他寫些什麼樣祝福的話呢？我決定要有所行動了。

上數學課的時候，他又再看手機了。「不要再一直看手機了啦！」「唉呦！好啦！好啦！」我發現他的口氣沒有像以前那樣，真的收斂很多，於是我開始會在上課的時候提醒他要專心，他也都笑笑的回答我。他可能是不想得罪任何人吧！

但我還是不確定他到底知不知道自己的問題出在哪裡？心裡想：他應該還有救，我不想看他都一直沒有朋友的陪伴。

「你有空可以跟我去吃個飯嗎？我想跟你講些話。」（有點要告白的FU）「好啊，你看你什麼時候有空！」我跟勝豐說了這件事，沒想到我們想的都是一樣的事情，真有默契啊！（擊掌）

當天放學，我們來到了學校附近的一家餐廳吃飯。一開始我們用比較直接的口氣點出了他的缺點。講完之後才發現，原來他自己都不知道是這些舉動使他人緣不好，他也說自己從小到大都不太會跟別人相處。他只不過是因為「不知道自己的問題出在哪兒」，就被大家冷落，我真的真的覺得很心疼他，也覺得我們實在是太不應該了。於是，我們跟他講了很多「成為人氣王的方法」，對待朋友之道，我想他一定聽進去了每一個字！後來，哲逸跟奕廷也加入了行列，在溫馨的氣氛中，大家有說有笑、互相分享交朋友的心得，為的就是要讓他知道：至少還是有人是關心他的。

我相信這兩個小時的相聚，絕對會是他開始改變的重要關鍵！

這件事也讓我學到了一課，就是：無論一個人做錯了什麼，在責罵和唾棄之前，都要先想想這個人是有心還是無心？是故意，還是根本不知道自己錯在哪兒？因此我要謝謝他！也祝福他可以交到更多的好朋友。

我是你的眼

班上有一位視障的同學駿逸，他的視力很差，幾乎到全盲的地步。因此，班上的活動都必須特別關照到他，例如：上課的版書不能寫得太小，要幫他影印各科的上課筆記，校外活動、外堂課、其他活動也都需要特別安排同學陪伴他，不然他容易迷失方向。可是，因為我們缺乏完全看不到外在世界的具體感受，有時我也會忘記駿逸的特殊需要，更不要說是同學了。

剛開始，我刻意的安排同學去照顧駿逸，讓駿逸感受到同學的善意，他也很主動的投入班上的活動，連市政府的跨年晚會都去參加，而同學也能全程陪伴與照顧，這對愛玩的青少年來說，真是件不容易的事情。之後同學們的表現漸入佳境，大家輪流照顧駿逸，像是勝豐、紹賢、哲逸、予晴、子傑都是經常出現在駿逸身邊的好同學，後來我大概只要偶爾提醒就可以了。

永遠的107

107和我曾經待過的班級很不一樣，大家的好真是一言難盡。很感謝這一年來，大家在學校生活上所給予的關心與協助，大家溫暖的雙手讓我每天都能感到無比的溫暖。

其實，進入高中之後，我有點適應不良。我發現整個人際交往的生態都變了，再加上個人比較內向，所以一直沒有很融入團體。後來經常忙於剷平那座考卷山（因為寫考卷的速度慢，所以考卷總是堆積如山），而更少與同學來往。但大家從來沒忘記我、排擠我，尤其要感謝勝豐，我知道你一直為了讓我融入團體而努力。對不起，我似乎令你有點失望！記得那次，當你毫不考慮的答應帶我去跨年，我的心中真是雀躍不已，那天晚上在府前廣場，十幾個同學互相緊靠著，一起唱、一起跳、一起吼叫，感覺大家就像一體、像一家人般的親密溫暖，那天的氣溫是8℃，但我卻感到一股股的暖流在心中澎湃流動著，我想這可能是一生難忘的回憶吧！

後來的許多活動，我都盡量參與，與同學的關係似乎也更好了。我心裡一直有個願望，希望大家能把我當作一個普通的同學來對待，希望有朝一日能和大家打成一片。

學期末，當我在寫最後一個靈修主題：「在每一個人身上看見神，看見佛，看見人」的作業時，發現給某些同學的話或評語，竟是絞盡腦汁也想不出來。一部分是因為我很少與大家來往，所以不知如何是好；另一部分卻是不知如何用言語形容了。但收到同學給我的話卻寫得滿滿的，其中相似處很多，感覺有些讚美也過於誇大，但看完之後才驚訝自己在班上原來是這麼重要、這麼有價值。有許多極少來往的同學，其實都在暗中看著我的一舉一動，默默的在幫助我。有許多人說我總是面帶微笑，其實每個人都有自己的喜怒哀樂，我只是希望自己能用正面的力量來對待別人，盡自己微薄的力量讓周遭的人更快樂。

謝謝老師，你就像園丁一樣，給我們愛的環境，用豐富的知識滋潤我們，用耐心與愛心呵護我們，用靈修的光照耀我們、指引我們，為我們除去惡草，鼓勵我們往好的方向邁進。這一年來，我真的成長了很多很多。

謝謝同學們，陪伴我一起歡笑、一起難過、一起努力、一起成長。我似乎很少表示我的感激之情，但感恩之心從不消滅，對大家的感謝，不是簡單「謝謝」兩個字可以言語的。這樣的緣分，讓我們來到松山高中，這樣的緣分，讓我們進入107班，那就讓我們做永遠的107班吧！

駿逸是我的好朋友

開學第一天，我前面坐了一個很有禮貌的同學，我和他說：「嘿！你叫什麼名字？」他回答：「高駿逸，你呢？」我手指著名牌說：「我名字在這呀！」那個當下，我才發現他視力有一些小障礙，現在想起來真的有點不好意思。

因為他是二十九號我是三十號，所以老師就把他託付給我！剛好那幾週的靈修是「第一個去給，第一個去愛」，這是一個有趣的任務，也是一個機會！我陪他上下樓梯、爬山、和他說我看到的風景，多了一個可以分享的人感覺很不賴！

對於他視力的小障礙，我從來不會不好意思問，也不會兜圈子，因為我認為這一點障礙並不是什麼錯誤或是缺陷「ㄟ！你看不看得到我的臉啊？」、「你都怎麼去分辨樓梯的？」、「你常不常跌倒啊？」、「你知道自己長怎麼樣嗎？」很多類似的問題我都問過！駿逸也總是把重點直接跟我說，正因為不停的問這些有的沒有的問題，我也更加了解駿逸，知道何時可以不用幫他，何時又該幫他；知道什麼事他想自己做，什麼事應該一起做；知道他可以分辨顏色；知道他背地裡聽了很多別人的秘密！哈！哈！他的事，雖然不能說百分百都知道，但我敢說七成我都猜對了！

駿逸是一個很替人家著想的人，常常怕麻煩別人，很多事都會自己來，這一點讓我很敬佩！本來應該是我們要「給他方便、給他歡喜」的，他卻常常倒過來為我們著想。隨著時間的推移，我熟悉的人慢慢變多了，有時候我會忘記陪駿逸，後來我總會跟他說：「嘿！你沒事可以來找我們聊天呀！」他總會說：「沒關係啦！我也找不到你們。」但我覺得如果他願意和班上其他人說話，同學們應該也很樂意跟他聊天的！（聽到沒，駿逸！）

駿逸很有趣，只要能和大家在一起，到哪裡他都會去！爬校山那一次，我和駿逸走了整段山路，真的很辛苦，因為階梯的顏色都是一樣的，而且高低不一，爬完時，我問駿逸開不開心，他說還好，我覺得肯定是騙人的！還有跨年那一次，他雖然看不到，但是聽的一定比我們清楚，每一位表演者的表演、煙火的燦爛，我相信一定映在駿逸的腦海！雖然和我們一起在人群中擠來擠去很危險，在韋動家睡的很不安穩！但帶駿逸去做一件他沒有做過的事，我覺得很快樂！

在接近學期末的一堂家政課，我終於鼓起勇氣去和駿逸道歉：「駿逸，對不起，有時候常常忘記來陪你。」我的「勇於道歉」，卻得到了駿逸的「敏於寬恕」，他說：「沒關係，我習慣了。」我聽到時，其實有一點難過，我覺得這不是一件應該習慣的事，畢竟每個人都會怕孤單、都需要人說話。但是我沒有和他說這些，因為我也不知道怎麼開口和他說，只能再一次的陪他去烹飪教室。

我一直覺得不是我們班在照顧他，而是他在包容我們。他不會因為我們很少和他說話而不開心，而總是用真誠的微笑面對我們。我很幸運有駿逸這樣一個好朋友，我從他身上學到了好多東西：忍耐、謙虛、為人，其實駿逸就是一個活生生的靈修法則呀！而且，駿逸很珍惜我們，所以我們也要很珍惜駿逸！

實踐靈修的生活

老實說，我並不確定靈修對班上的孩子有多大的影響，他們的體驗和感受能持續多久，其實也有待觀察。但藉由以下一些同學的心得體驗，以及韋廷與資元的Q&A，也許可以讓大家了解：這一年的靈修，讓107班的同學們產生了什麼影響？

生命的躍進——成為自己等待的那個英雄！

今天晚上搭捷運回家的時候，看到進站電扶梯上，有一個色狼拿著紫色相機在偷拍女生裙底。依照過去膽小的我，必然是選擇漠視這一切，然後離開。但今天，我竟然開始猶豫了，瞬間腦海中轉過千絲萬縷，各種想法一一浮現：「要不要揭發他？但他說不定不是在偷拍，弄錯了會很尷尬。但是應該要第一個去愛，第一個去給吧！還是誠意正心，擇善固執呢？沒人發現他嗎？為什麼大家都沒動作呢？」當時，我還想起我寫過的靈修心得、老師分享的助人經驗、靈修的叮嚀等等，心裡很混亂，也不知道該如何處理。

在猶豫中，我想到「幫助人的機會，通常是一瞬間的，過了就沒有了」。腦中跟著浮現光哥的臉，我覺得我如果不舉發他，大概會被光哥電爆吧！於是，在這決定性的時刻，我二話不說，趕緊跑去跟站務人員講這件事。剛開始他還不太相信我說的話，半信半疑了很久，才出來看。還好那個色狼正在角落欣賞他的戰利品，要不然他就跑掉了吧！

接下來發生的事情也讓我極為驚恐，因為站務人員竟然要求我去跟那個色狼當面對質，當下我的腳就這麼開始抖了起來，（不！應該是從我跑去跟站務人員說的時候，就開始抖個不停了吧！）還下意識地拿著書包背帶遮住我左邊胸口，（後來才發現我遮的是學號，我的名字其實是繡在制服的右邊）。對質沒幾句，色狼拔腿就跑，留下我和站務人員呆呆相望，站務人員跟我說：「不好意思，我沒有權力抓他。我們下次會多注意的。」當我離開捷運站時，我的腳還一直皮皮挫個不停，我超怕色狼堵在捷運站出口，所以只好打電話請爸爸來帶我回家。

當然，這件事的最後結局不夠完美，但就像光哥說的：「有些事情，你平常就得想好該怎麼做，這樣當下的你，才會立刻反應得過來！」後來我也才知道，遇到這種事的正確處理方法：不要先找站務人員，要直接大喊有色狼，或者，立刻拍照蒐證，而且，也要跟被害人說，這樣才能現場逮住色狼並告發他！

認識我的人都知道，我其實是個膽小的「俗辣」，以前我只要遇到稍微大點的事情，就會害怕得「縮」回去，只會在旁觀望，等待別人挺身而出。那時的我也很害怕，從跑去找站務人員開始，一直到最後回到家，我的腳都一直在抖。但那個當下，我雖然還是會猶豫，但猶豫之後卻不像以前那樣站著等別人去做，因為這一年來的靈修、光哥不斷的叮嚀，讓我勇敢的跨出腳步，挺身而出，做出了一件我覺得是自己目前為止生命中最偉大的創舉，去當那個自己等待的英雄！

這件不可思議的事，是我生命中很大的躍進，為我帶來勇氣，讓我有所改變，更給了我繼續靈修成長的動力！

原來大家都在我身邊

不久前，一整個禮拜都在抱怨頭痛的爸爸，終於被媽媽「押」去醫院檢查。讓所有人震驚的是，原來爸爸的頭痛並不是因為感冒或是太累，竟然是一個怎麼樣也想不到的原因：「多元性膠質母細胞瘤」，就算是身為自然組的我，也對這個名詞充滿問號，當我充滿不安的上網，把所有相關網頁都翻過一遍後，才發現大事不妙。簡單來說，就是一個五公分大的惡性腫瘤長在爸爸的左腦。這一切是如此的突然。前幾天爸爸還「正正常常」的，不到一個禮拜，爸爸就從一般病房轉到開刀房，再轉到加護病房。蓬鬆的黑髮，因為要開刀而被剃成了光頭，眼皮浮腫得像擦了眼影，就連平常被我們嘲笑的啤酒肚，也明顯瘦了一大圈。

爸爸開刀的那天下午，在學校收到媽媽一封意味深長的簡訊：「下課打給我」，短短的幾個字，卻讓我看了好幾遍，猜不透裡面暗藏的是什麼消息。最後一節課的考試，我寫得很快，剩下的時間幾乎都在瞪著時鐘倒數，等到鐘響的那一瞬間，我就按下手機上的通話鍵。

媽媽在電話裡的聲音很輕很慢，像是從另一個世界傳來的聲音：「爸爸開完刀了，結果就是那個我們最不希望的。」原本以為已經做好心理準備的我，卻不由自主的結巴了起來：「喔！那……那……還有多久？」一個比之前更虛弱的聲音，從很遠很遠的地方傳過來：「醫生說大概還有八、九個月」。

掛斷電話後，我的腦袋瞬間空白，完全不知道自己該怎麼辦。聽到同學們在身旁一邊打鬧，約著一起去吃飯，在外面流浪的意識才慢慢回到腦袋裡，一堆雜亂無序的資訊：加護病房、癌症、電擊、化療，就像是命運交響曲般，不停轟炸著我，眼淚再也忍不住，一滴，兩滴，嘩啦嘩啦，變成關不起來的水龍頭。突然，有人遞上了面紙，拍了拍我的肩膀，抬起頭一看，韋勳和黃鈞悄悄的出現在我身邊，要我擦乾眼淚，要我堅強。他們雖然一時之間想不出安慰的話，卻用行動代替一切，我發現「陪伴」真的是「給人信心」的開始。

前往醫院的路上，遇到了問荷和陳馨，她們很會看臉色，知道我沒有心情講話，不會急著問「你怎麼了？」而是努力地說著最近發生的事，想逗我開心，而且偷偷傳簡訊給我，提醒著我：大家都在你身邊，你真的不是只有一個人！

第二天，敏感的光哥就偵測到我不平穩的情緒，特地跑到我的教室關心我，還熱心的提供了很多有建設性的意見，甚至號召107的同學們幫我加油打氣，給我擁抱，讓我打從心底溫暖了起來。難關，似乎沒有想像中那麼難了！

真的很感謝107班同學們帶給我家人般的溫暖，讓我成長了許多，也深刻體會到「給人信心、給人希望」的重要。謝謝涵云的紙條，謝謝允真的巧克力，你們的加油都押在我的桌墊下，隨時提醒著我打起精神。

107給我了好大的安慰，我會永遠記得！

靈修給我的正面能量

第一次聽到靈修的時候，我以為那大概就是要人改過向善，再接再厲的東西。不過在高一時遇見了光哥，我才開始漸漸認識靈修，甚至是在生活中慢慢的實踐它。

靈修對我的幫助，或許得先從我家說起。從小時候有印象開始，也許是我很調皮、父母管教嚴格了些，我們家時常會出現叫罵聲，可以說我是被罵大、打大的，他們罵我時，我都不敢出聲，因為怕招來一頓打，即使知道自己是無辜的，甚至是對的，我都任由他們罵。

年紀稍長後，我開始有了自己的想法，慢慢地，越來越無法接受那樣的情況。記得是國一的某一次爭吵，那次我實在忍受不住被誣賴的那股氣，於是回說：「憑什麼我要受罰？我又沒有做錯？」當時媽媽似乎是嚇了一跳，說：「當然有錯！」我試圖說服她，把整件事的來龍去脈再說一次，她無法反駁，就說我在狡辯，我聽完後當然更不服氣，自此以後，只要我覺得自己是被誤會或是沒做錯時，我就會直接和爸媽說清楚。常常，他們都認為自己是對的，卻說不出我錯在哪裡，而我也不認為自己有什麼錯，於是我們之間的衝突就越來越多，原本就不太好的家中氣氛更是每況愈下，越來越差了。

有一次的紛爭，媽媽氣到不行，決定要打給光哥，想要讓我丟臉。我在房間裡聽到媽媽不斷醜化我，說我是一個多麼沒救的小孩，我聽了沒有生氣，只是在媽媽掛掉電話後再打給老師一次，我靜靜的說：「老師，你真的覺得我是這個樣子嗎？」老師笑著說：「不知道欸！因為前陣子，你媽媽不是這樣說你的，她那時候還說你會幫忙做家事，還會照顧妹妹，很乖呢！」所以，我就開始和老師說起自己家裡的狀況，和老師討論解決的方法。

我說：「老師，他們明明說不出我錯在哪？那我幹嘛道歉？這樣以後遇到同樣的狀況，我不是都要被處罰？」老師卻說：「錯，你才應該先道歉，不管你認為自己是對還錯！」我傻眼：「為什麼？」老師認真的說：「還記得靈修原則嗎？緩於發怒，敏於寬恕，勇於道歉啊！如果媽媽堅持自己是對的，你何不先道歉，讓她的情緒先緩下來？如果真的有話要說，可以留個紙條給媽媽，相信她會好好看的。起爭執時，彼此都不會聽進去對方的話，不管你怎麼講，聽起來都會很刺耳。」我想了一會兒後，決定聽從老師的建議，再起衝突時，我會盡量先跟媽媽道歉，至少也會先把態度放軟。

後來，老師發現我們家的問題似乎比想像中來的大，也和媽媽通了幾次電話、幾次E-Mail，私底下也找我聊了幾次，更用靈修的「第一個去愛，第一個去給」、「給人信心，給人希望，給人歡喜，給人方便」來勉勵我。老師還認為雙方起爭執時，沒有一方是完全沒錯的，所以光哥就建議我們兩個用比較輕鬆的模式來交談。

升上高二後，現在的我已經不再是光哥班上的學生，但光哥依舊很關心我家的狀況，遇到我時，常會問我：「怎麼樣？最近和媽媽處的還可以吧！」有時候我會笑笑的說：「沒事啊！最近我們處得很好！」而有時候我則會搖搖頭，無奈的說：「媽媽最近心情不太好，我又惹她生氣了。」是啦！問題還沒完全解決，我家的爭執還是存在。但最近的我們已經試著去改，想辦法讓家裡的氣氛更為和諧，而不是讓人感到情緒低落，家裡的紛爭次數已經少了很多。畢竟，家家有本難唸的經，我已經決定好了：「我家裡的這一本，我一定要以靈修的精神，好好搞定他！」

我常想，如果沒有遇到光哥，我們家會怎麼樣呢？如果沒有遇到靈修，我又會是如何呢？我們家的狀況想必會比現在還要棘手吧！當然，許多靈修原則我到現在都還沒有完全做到，不過在做的過程中，我感受到了：只要一個態度或作法的改變，就能夠讓我們家減少很多不必要的爭執、煩惱，增加許多的關愛、體諒，以及正面能量。

因為有你，所以更幸福

國中時，曾經很喜歡同班的一個男生，我將欣賞的羞赧、偷覷的青澀，小心的捧好，卻忘了把收在書包夾層的紙條藏好，讓扭轉命運的粉紅色紙從爸手中撒下，在眩目的紛飛之後，是爸爸震怒的臉，他決定以「轉班」來終結這不該出現的情愫。從此，我和原來的同學、朋友們切斷了友誼，像是斷了線的風箏般來到全然陌生的班級。後來，為了確定我的思想沒有出現重大偏差，爸爸會檢查我的手機簡訊、交換日記和網誌。那是一段在淚海裡沉浮的日子。

隨著時間的過去，我的生活逐

漸平靜，也隨著歲月的成長而逐漸懂事，爸爸沒有那麼地擔心了，也留了幾分私人空間給我。然而，我對爸爸的態度卻依然冷漠！

直到我基測失意，來到了松山高中，生命的情調才又重新走回自己該有的旋律。然後逐漸明白：人的生命，基本上就是在重複著相同的旋律，用心呵護我的爸爸總是隨時謹慎的豎起耳朵來聆聽，一出現走音，就會立即糾正。當時的我並不喜歡，甚至厭惡爸爸這樣的行為，也不認為自己美好的旋律其實走了音、變了調。直到高一上學期，因為一個激烈爭執的事件之後，完全改觀。

那一次段考，由於考試成績表現不佳，爸爸擔心我歷史重演，所以檢查了我的書房、抽屜，找到一些國中時期就有的東西，但他卻認為是我升上高中之後，又再次接觸這些他認為是浪費生命的東西，甚至怒氣沖沖地到學校找光哥，要幫我辦休學。

幸好我們有靈修，幸好光哥幫爸爸冷靜下來，鼓勵我去向爸爸說明這一切！

靈修後的我，開始逐漸明白，爸爸那些讓我厭惡的行為背後，其實是他深刻的用心，他不希望當我正演唱著生命美好旋律時，卻不慎走岔了路，讓人生有了悔恨。有這樣的父親，其實是很幸福的！也很感謝有這麼好的父親陪在我左右。

靈修後的我，比較懂得站在父母的立場，設想他們擔心兒女的心境，不再衝動的只會叫嚷著個人的委屈和酸澀；比較能夠體諒他們內心的苦楚。會責罵，是因為關心滿溢、淹沒了理智，會看日記網誌，是因為平時疏於溝通，卻很想知道兒女心裡在想什麼！如果從這個角度看父母的行為，感動有這麼好的父母都來不及了啊，又怎麼生氣不滿？而且，和父母吵架，弄得不歡而散又何必呢？相愛的兩方，為什麼總是互相傷害？

靈修後的我，學會了反省自我。如果克制不住脾氣而頂嘴了，或吵架鬧僵了，我會主動道歉，傳個簡訊或貼張便條，都是溫馨的小感動，父母會知道小孩長大了、會思考了，這其實也是一種孝順吧。

我覺得靈修，就是從靈裡淨化起，修養個人的品德，看進自己的內心，看清楚被嘮叨包裝的父母心。

面對真正的自己

在我書桌的一角，仍壓著當時和107去花博夢想館時所留下的卡片，左邊是花，右邊則印有我所選擇的夢想——心靈，和測出來的結果：「你將學習和自己相處的藝術，內心的小孩，等你一起勇敢成長。」當時的我對這句話嗤之以鼻，如今再次看到時，卻令我會心一笑。

也許是因為過去發生的事情傷透了我的心，讓原本就不那麼有自信的我更加的膽怯，心裡充滿著害怕，擔心自己一次又一次受到傷害後，就再也無法承受住，於是選擇了逃避，躲進自己的世界裡。心想：如果無情，就不會受傷了，對吧？所以我漠視了一切，排斥著所有人的接近，也從不主動參與班上的事務。時間久了，當我回想過往的事情而不再覺得心痛時，我更相信自己找到了最好的解決方法。

所以，我就彷彿是一個遺世而獨立的存在，從來都沒有融入任何一個班級，也抗拒著靈修，因為本能的感覺到，靈修會改變我「保持冷漠」的生存法則。但是，我依然隨著班上的同學開始接觸靈修，因為「第一個去愛，第一個去給」、「給人信心、給人歡喜、給人希望、給人方便」、「緩於發怒、敏於寬恕、勇於道歉」等等原則，跟我最早以前的想法很像，所以深深的吸引著我。但接觸的這一切，依然沒有改變什麼。

第一次讓我的心開始有一點動搖，是在某一次的升旗後，教官一個口令要大家解散，這時不知道是誰開了口：「我們去幫立君他們拍手吧！」隨著一片附和聲，我們全班來到了奏著樂曲的管樂社，待他們奏完，立即給予他們掌聲與歡呼。那時的我愣住了，大家當時才認識不久，彼此都還不算是很熟識，但就因為立君是我們班的一份子，大家就不吝惜、無條件地支持著管樂社。這也是107第一次帶給我的感動。

高一下剛開學沒多久，就碰到了合唱比賽，我們班得了優勝，指揮也得了最佳指揮獎，只有身為伴奏的我沒有得獎，我雖然裝作一副不在意的樣子，也沒有表現出自己的失落，可是同學卻體貼的察覺到我心情低落，在比賽後，給了我鼓勵與默默的支持。

接下來，是第一次期中考，那是我有史以來最差的期中考試成績，心中的難受遠勝過合唱比賽當時，讓我幾乎快失去了自信，擔心同學會不會因為我的成績變差了而改變態度呢？會不會認為我以前的那些成績都是湊巧、運氣好呢？但是，至今讓我記憶猶新的是他們對我說的話：「林怡君！你再混啊！你看你的成績變爛了。」我沒有說什麼，只是笑了笑，發自內心的開心，原來他們相信我。

從那以後，我真的放下了，不再堅持著冷漠，試著接受他們，並開始為107做一些事，也在這裡找到了那份歸屬感，那種我期待很久的「團結、包容與支持」的感覺。

因為他們，也讓我嘗試面對那個封閉的自己，也才知道：自始至終，我對那些過去發生的事一直耿耿於懷，還不知不覺中將自己侷限在自己的世界裡，無法跨出一步。這讓我不由得想起了那個靈修原則「誠意正心，戒慎恐懼」，因為從來都沒有真正面對自己，所以不敢正視心中的恐懼，一次又一次放棄走出困境的機會。也是直到那一刻，我才開始理解當初夢想館小卡片那句話的涵義：「內心的小孩，等你一起勇敢成長」。

我開始了解，「最大的敵人是自己」，與其說是「過去」阻礙我前進的腳步，不如說是我自己限制了進步的空間。也直到這一刻，我才知道我一直有這個能力去面對，只是不敢去嘗試。如今我學習著用「誠意正心」來與自己相處，用「戒慎恐懼」來勇敢面對自己的成長，給自己一個重新開始的機會，也給別人一個接近自己的機會。

我知道，當我決定接受同學的付出時，也是我勇敢面對過去的時候。在面對的過程中，我也不斷的思量，讓我所耿耿於懷的，真的是過去發生的事嗎？事實上並不是，那些傷痛早已在時間的洪流裡流逝了，留下來的只剩下自己的執著。但是此時這個執著已經顯得不必要了，因為同樣的，在時間的洪流裡，我已漸漸的成長，學會放下。

繼續走在靈修的道路上

新學期開始，107班的同學

只能依依不捨的分開，各自走向新的班級。有的人很幸運，有五、六個同學作伴；有的人只能堅強的孤身一人闖盪剩下的兩年。我呢？很幸運地與涵如和子傑同班。

面對一個全新的新環境，老師、同學都需要重新適應、熟悉。現在我的新號碼是二十八號，一開始以為自己排在很後面，結果卻是男生第一個！自我介紹時，我得第一個上台，除了當下覺得有些措手不及之外，心中竟無其他情緒，一片平和，沒有興起其他過激的抗拒心情；開班會時，無人要當主席，新班導出乎意料的指名了我，除了有些驚訝外，我坦然的走上台，因為想到「第一個去愛，第一個去給」這個靈修原則，雖然不是主動，但當挑戰來臨時，也沒什麼好猶豫的了，就是欣然接受吧！

剛到新班級，新同學怎麼看怎麼不順眼、怎麼不可愛，總覺得這裡不好、那裡也不好；新老師也是，這樣教不好，功課這樣出太多，一切都覺得「還是舊愛最美」！

最後，媽媽說了：「先不要對任何人抱有成見，每個人都有其優點啊！」說來也丟人，靈修了半天，卻還是被媽媽點醒。之後，我敞開心胸，也開始「看」出每個人身上的神、佛，新同學其實也沒那麼討厭、也有其可愛之處！

我開始把靈修原則一個個搬出來運用，以往只有我問奕廷：「你怎麼都不會生氣？」的份，但經過一年來「緩於發怒」的不斷洗煉心性、脾氣，如今也換到一個新同學來對我說：「你都不會生氣喔？」我會心一笑並回答：「因為我修養好啊！」

新學期初，每個人難免怠惰，我也是，上課睡覺的壞習慣又復發了。隨著一張張成績差的考卷累積下來，我的心情也跟著厚重起來，於是開始用「誠意正心」來仔細檢視自己的上課態度、讀書習慣；用「擇善固執，不變隨緣」來回想當初選擇一類的原因，可不是為了怠惰、輕鬆，而是為了更好！

我用「戒慎恐懼」來與新同學相處。因為當大家還不熟悉你，不會用過去的經驗來看待你時，第一印象就十分重要，你不小心犯的錯，熟識的舊友不會因此對你產生不好的印象，但這可能就會成為新同學判斷你這個人的重要依歸，而且第一印象通常都會被放大十倍來看，未來想扭轉、改變，都需要花費加倍的努力，才能讓他對你改觀。

我把「第一個去愛，第一個去給」、「給人方便」，當成了我處事的圭臬，勇於付出，並盡量不加思索地去幫助別人、毫不猶豫的伸出援手。這學期，我的同學當中也有一位視障生，當她要走回座位時，我會幫她移開擋在前方的椅子、為她清開前方的障礙物，在中午時，會幫她從蒸飯箱中拿出便當、順便幫她放到她的座位上；我也會在同學忙碌時，幫他跑腿去合作社買東西；在大掃除時，幫忙搬椅子到外面、刷地、拖乾。

當我離開了107，雖然新教室的黑板左下角，再也沒有熟悉的靈修原則，但我心裡正中央卻刻著六個完整的靈修原則，所以我要繼續107，繼續靈修。

Q&A

Q 第一次接觸到靈修的感受，和現在有何異同？

A 從國小、國中就常常聽人家在講，到了高中才比較深入地去了解、去實行。以前的感受就是覺得：行善大家都常談，可是真的要去做，勇氣還不太夠，現在覺得既然已經談到靈修了，我們應該就要去實踐它。

Q 在生活中，如何實踐靈修呢？

A 就是要行善！靈修，就是一秒鐘都不能猶豫，就是要馬上去做。我現在還在努力，畢竟有時候還是會猶豫一下，可能是怕眾人的眼光吧，即使那是對的。

Q 靈修改變了你什麼？

A 靈修讓我變得更憂國憂民，因為接觸到靈修之後，發現這個世界真的有很多好人存在：像光哥。在我的眼中，光哥他就是一個大好人，但當你已經習慣了這個大好人，再回頭來看這個世界的黑暗面，你就會覺得：啊，怎麼會這個樣子？就有點憂國憂民。

Q 你有什麼具體實踐靈修的例子？

A 就是人家有需要幫助，那我就盡量幫助他嘛，就像靈修主題「第一個去愛，第一個去給」啊！當同學們有爭執，我可能就會介入，因為我自己也是風紀，希望不要打壞班上和樂的氣氛。又例如從我開始接受到靈修這麼好的東西時，就希望大家都也可以來靈修。但有時我跟親友講起時，他們會不屑、不以為然地說道：「這個世界本來就這樣，怎麼可能會改變呢？」或者說：「你管我，我就是不要，你想怎樣？」我聽了，心裡會很痛苦，覺得這麼好的東西，為什麼你們不學呢？道德修養可以更上一層樓，為什麼你們不要？怎麼可以批評我心愛的東西？可是自從光哥講了「擇善固執，不變隨緣」，我了解到既然我覺得靈修是好的，那就一定要堅持下去，再盡量傳給親友們，不管他們接不接受，我們都要盡力去實踐它、去散播它。我也知道這個世界還是一樣有黑暗面，也不可能全部的人都去做靈修，但不管別人眼中的靈修是什麼，先把自己顧好就好了，至少不要去危害別人，其他，就隨緣吧。

Q 最喜歡哪個靈修原則？為什麼？

A 應該是「在每個人身上，看見神，看見佛，看見人」吧！例如我妹，因為她真的不是塊讀書的料，我教她國中數學時，發現她連一般的加減乘除都很爛，數學程度大概只到小學吧！我會覺得說：「這個女生既不用功又只知道玩，她到底生下來是要幹嘛？」可是仔細看她的優點，其實還滿多的，她也滿貼心的，而且對音樂很有興趣，所以她現在決定要讀音樂班，也很認真的在練琴。我覺得對每個人都要這樣吧？一定要去發掘人家的優點，缺點，就鼓勵他改進了。

Q 你覺得哪一個靈修原則最難實踐？難在哪裡？

A 應該是「誠意正心，戒慎恐懼」。我是下學期的班長，不過我非常討厭居於領導的地位，因為我不喜歡對同儕或好朋友頤指氣使，好像我自己就是個老大，我說什麼你就要做。而且，平常我也是一個很愛玩的人，但是為了班上秩序，卻要對他們說：「ㄟ，不要講話！」或者更加嚴厲、甚至開罵，每次罵完人後，我心裡都很痛，也很恐懼，心裡在想：為什麼我要因為一個班長的職位，壞了我和全班的關係？另一方面我也會想：我就是一個班長啊，這是沒有辦法的事，而且我是在做對的事情，就更加要戒慎恐懼！既然我做的是對的事情，就不要害怕，就勇敢去做；但為了不搞砸同學之間的關係，我平常就更應該去做人家的模範、要更真誠的對待同學，反正就是要「誠意正心，戒慎恐懼」！雖然我覺得滿難的，不過我會盡力！

Q 對把我們帶進靈修世界的光哥，說些話吧！

A 光哥，我覺得你一定要繼續推動靈修，雖然在結業式的時候，我就已經哭著跟你講過：你一定不能放棄！光哥加油！以後，假如你在帶其他學弟妹靈修時，有什麼困難，都可以找107回來跟他們講講話，讓他們知道靈修不是嚴肅的，把靈修帶進生活中是多麼的快樂。我覺得關於靈修的實踐方法，光哥沒有需要改進的地方，可是我覺得教育部要改進。因為我覺得在「心智或是個性差不多已經定型」的高中，才推動靈修有點太遲了，如果從小學開始更好，可以放進課本裡，讓他們去實踐。當然，小學不需要用艱澀的話來講，因為靈修就是在教人性嘛，人性沒有教好，讀到研究所還不是去擋救護車？所以我覺得靈修應該從小學開始，然後國中、高中，如果從小到大持續靈修，到社會上就是一個中流砥柱。

Q&A

Q 參加「靈修」這個活動後，你跟家人、朋友的互動，有沒有什麼不一樣？

A 靈修原則的「緩於發怒，勇於道歉」，對我來說最重要、也最有幫助。因為我跟家人和朋友的互動都很沒有耐心、也很容易生氣，常為了動怒而壞了一些事情，卻不好意思放下身段去道歉。例如：我跟康輔社的一位同學有金錢糾紛，然後又聽到他說的不雅詞彙，我的火氣原本已經上來，準備和他吵架了，但是後來想到「緩於發怒」的靈修原則，我就忍下來了。

Q 你認識許多別班的同學，跟我們班比起來，有什麼差別？

A 我們班也有一些脾氣比較「衝」的人，雖然在當下已經到快要「動干戈」的地步了，但最後還是會冷靜下來道歉、解決。我覺得這就是「靈修」的力量，讓大家更懂得思考，也比較「善良」。

Q 改變你的靈修原則，有哪些？

A 有很多個原則都對我很受用，第一個是「第一個去愛，第一個去給」，我常常在台北車站看到許多老阿嬤或殘障人士在賣口香糖，以前我會很「避諱」他們，覺得他們好煩，一直跟我推銷。但自從上高中接觸這個靈修原則之後，讓我想到：他們也是需要幫助的人，而且買完後，會看到他們滿足的笑容，讓我心情也跟著很快樂。

第二個是「緩於發怒，敏於寬恕，勇於道歉」，這也是光哥在「同學寫給我的話」信封上，特別提醒我應該要改進的地方。我知道這是我最大的問題，因為我的EQ不高，很會「情緒用事」，所以，更覺得應該要學會尊重別人，並且理性的解決事情。

第三個是「在每個人身上看見神，看見佛，看見人」。我以前不是很會察言觀色，比較偏向「用心情」看待事情，講白一點就是我沒有「很尊重別人」。經過這個靈修主題後，開始慢慢的學習觀察別人，發現一些人的「可愛之處」，因此會試著再進一步的接觸他們，後來甚至改變自己對他們的看法。接著，我也會試著站在別人的角度來看自己，反省自己是不是也有些缺點，是我不喜歡在別人身上看到的？因為這個靈修活動，我看到大家對我的感言和希望我改進的地方，心裡很感動，覺得可以幫助我很多。

第四個是「誠意正心，戒慎恐懼」。讓我學會對事情負責任，因為我以前不管事大事小，很容易半途而廢或是虎頭蛇尾，例如：段考前一週準備時很有衝勁，可是到考前一、兩天就已經鬆懈下來，把原本應該要讀書的時間拿去玩電腦、找朋友吃飯；又例如：以前我在康輔社辦活動時，常造成大家的困擾，讓大家比我更辛苦。後來透過這個靈修主題，我才開始自我要求，應該要對自己的事情更負責一點，除了減少大家的麻煩外，也是為了讓自己好、大家好，讓活動辦得更好。

14

家長與老師的回饋

我一直認為親子關係不應該只侷限於家中，所以，我經常會鼓勵家長參與孩子的學校生活，除了關心課業學習和成績、各種活動之外，也可以分享靈修活動。

在學校的親子座談時，我自己也會與家長分享我們的靈修，而父母看待孩子的角度不同於老師，因此，由他們觀察到靈修對學生所產生的影響，可能更具有意義。

為此，採訪組的同學採訪了幾位家長，以及跟隨我實習「國文科教學」、「導師班級經營」的實習老師——政大哲學系的周萌婉同學，她是本班的另一位觀察者，她的看法也極具價值。

韋廷爸媽Q&A

Q 韋廷在家有提過靈修嗎？都提些什麼？

A （媽）關於靈修的原則，都會跟我們分享。像「第一個去愛，第一個去給」。

Q 韋廷在學校分享「靈修」的影響時曾說，他會在爸爸看電視的時候建議，希望您要培養興趣，不要每天看電視？

A （爸）我的工作是業務，平日工作比較忙、壓力也比較大，所以喜歡藉著看電視來放鬆、放空。韋廷是有給我建議啦！像是多運動、出去騎腳踏車啊！

A （媽）韋廷的意思是說，人生扣掉工作和睡覺、休息，其他時間若只拿來看電視，可能到老之後會後悔，年輕時為什麼沒為自己做過一些值得去做、有意義的事情？

Q 覺得他這一年來有什麼改變？

A （媽）對未來比較有憧憬，而且，他會覺得凡事先從自己做起，再慢慢的去改變身邊的人。

Q 那有你印象深刻的互動嗎？

A （媽）有一次在吃飯的時候，剛好在播一部影片，有些畫面很噁心，我就說：不要在吃飯的時候看這種片子，影響食慾。他爸爸就說：那你不會不要看喔！當下，我就很生氣說：好啊，那我就不要看！接著就走進房間，然後在房間繼續生氣。韋廷看我們這樣，也慌了，就進房間跟我講說：電影並不是爸爸拍的，他也不知道劇情會這樣，只是剛好演到，你們為了這樣吵架，不好。而且，我覺得媽媽生這樣的氣，也不太對。以前，如果我和他爸意見不合時，他可能就安安靜靜的不敢講，或者會躲在房間裡。現在的他就會講出他的想法跟意見，還會用講道理的方式來幫我們排除不愉快。

Q 他跟他妹妹最近變得怎麼樣？

A （媽）他跟妹妹年紀有段差距，妹妹個性又比較依賴。他一直覺得我們太寵她，反而會害了她。現在的他則會跟他妹妹講道理，也常常會勉勵她，會跟她說：如果你現在不努力，以後會更辛苦，看到她有不好的生活習慣，也會跟她說要改過，有時候看到妹妹沒改過，就會很兇的對她，可是，事後都會反省。例如他妹妹數學不是很好，有一次，韋廷補習補到很晚才回家，他妹妹因為明天要考試了，一看到他回來就跑去問他。韋廷可能覺得很煩，一邊教一邊用很重的口氣講解，妹妹就覺得很害怕。雖然還是有教完，第二天的考試成績也還可以，但他反省後，會跑來跟我說：媽媽，我覺得我昨天跟妹妹講話，語氣有點兇，今天晚上我會跟她好好道歉。

Q 你覺得他這一年成長最多的是什麼？

A （媽）他變得比較有目標，他以前只是為了考試而讀書，現在不會，不但有目標，也會朝目標前進。還會說長大後一定要做出對社會有貢獻的事。

Q 他有沒有影響到你？

A （媽）有！我這個人比較愛面子，我以前不會道歉。韋廷曾經問過我：媽媽！一般大人好像都拉不下臉去道歉，你會跟小孩道歉嗎？因為這句話，有一次我跟他妹妹吵架，就是我去跟妹妹道歉，可是妹妹不理我，我就覺得我都跟妳道歉了，你為什麼沒原諒我？然後我又生氣了，後來還是韋廷跟他妹妹講「媽媽都道歉了，你應該要原諒她」。我覺得韋廷學了靈修之後，很會去排除家裡的紛爭，他以前都只是安靜的在旁邊不講話。

（爸）他以前若是知道我們在吵架，就只會私下問一下原因、想一下而已。現在的他則會付出行動，會提醒我們不應該這樣子，所以，真的很不一樣。

范姜媽媽 Q&A

Q 范姜媽媽覺得靈修活動如何？

A 比起剛開始聽到「靈修」這個詞彙，認為靈修沒有那想像中那麼嚴肅，做起來似乎也不太有壓力，卻還是能夠看到成果。

Q 范姜這一年來的改變？

A （媽）一年下來范姜變得比較勇於道歉和認錯。我很重視睡覺的時間和三餐的營養，而范姜常會忙於學校的事情而延誤就寢時間，剛開始被我糾正時，她會生氣的跟我爭執，但後來就會低頭道歉了。

（范姜）ps. 以前和媽媽起衝突時，總認為「大人都不了解我的感受、媽媽都不會"put herself in

my shoes"後來，發現其實是自己也沒有做到"put myself in her shoes"。高二下時，因為光哥提出「勇於道歉」的靈修原則，為了讓週記「有料」，因此在和家人起衝突後（即使有時認為家人也有錯），只好努力反省自己，硬著頭皮道歉，沒想到效果竟然不錯。我的個性很好強，所以要壓低自尊心道歉，對我來說是件不容易的事，所以一旦開口道歉，就一定都是發自內心的。雖然有時候，我會站在媽媽旁邊站很久，就為了「對不起」這簡單的三個字掙扎好久，後來，才終於鼓起勇氣把它生硬的講出來。雖然有時候道了歉，媽媽還是很生氣，但是覺得既然自己有錯在先，就乾脆安靜的去睡覺，不要再煩媽媽了。」

Q 范姜平常和家人相處狀況？

A 平常在家中，范姜和媽媽還有哥哥互動較多，和爸爸互動較少，會和媽媽講很多事情，包括在松山高中的事，和哥哥的互動則比較像是玩伴，大部分是哥哥主動去找范姜聊天，兄妹的交流很密切。和爸爸互動較少，也許是因為許多事情已經和媽媽分享過了，所以就不想再講第二遍。

Q 范姜會和您分享學校發生的事？

A 范姜常常會跟我分享很多在學校發生的事物，其中比較印象深刻的第一件事是：新生訓練後，范姜說她對107的印象很好，男生很可愛、女生很漂亮，看得出來她很認同107，而且光哥給她的印象也很不錯；另一件事是合唱比賽，范姜的態度非常積極也很熱心，更為了指揮投入相當多心力來練習。

Q 媽媽認為范姜的個性？

A 做事很專注，決定要改變，就可以做到，很在乎別人的評價，而且不論是對自己還是對別人，都很強調「尊重」（好像從幼稚園就開始了），課業方面也會自己規劃，不需要我們再去干涉，對學校的活動也很樂意參與，在學校和同學相處得很開心。

Q 媽媽對於光哥的看法？

A 光哥很有個人的魅力，很能讓學生信服。對學生付出很多，也不斷給予他們原諒與包容，我很開心自己的孩子能夠碰到光哥。（范姜）ps.感覺光哥很了解一些制度、規定的「真正意義」在哪裡，而不只是盲從。他讓我發現：很多事情，可以從其他「更人性」的角度來看。例如升旗時，就算校長經過，也照樣會仁慈的讓大家蹲下來躲太陽，還可以換位子。光哥還有很重要的一點就是「以身作則」，我認為一個讓人信服的老師，在要求別人之前，自己一定要先做到，而且，更要有自信的堅持下去，絕不能半途而廢！

駿逸媽媽Q&A

Q 駿逸接觸靈修前後，有什麼變化？

A 我可能要從國中的時候開始講起。國中的他，就是處在大家所知道的叛逆期，脾氣比較暴躁，然後覺得父母都不了解他，或是老師都沒有注意到他，那時的他跟父母比較不能溝通，容易起衝突，有時他心中有話，也不願意說出來，或者即使說出來，卻會導致火爆的場面。那時候的我，就會覺得書唸不好沒關係，趕快過完叛逆期就好，因為那種叛逆期讓他心情比較不穩定，也會折損他的精力。但是進了高中之後，同學們一起提攜他，慢慢的，我覺得他的脾氣變緩和了，比較可以溝通了，也比較聽得懂媽媽講些什麼，然後也常常在媽媽面前開玩笑，變得比較可愛。

Q 我們班與以前駿逸的班級，有沒有不同？

A 有差。駿逸以前的班級，雖然大家也玩在一起，但那種玩就真的只是玩而已。但是我覺得現在這個班級有大家一起成長的感覺，不管是在課業上的成長，或是說在心理上的成長，還有同學之間的感情、跟老師之間的互動，我都覺得很好。

Q 想對我們班說什麼？

A 我知道班上有很多同學一直在幫著他，可能有時候同學並不會覺得幫他很多，但是當媽媽的我真的很謝謝你們，因為你們在他的生命當中，都是很有價值的存在。另外也謝謝光哥，駿逸他在這一年心智上成長很多，慢慢學會感恩。

哲逸媽媽Q&A

Q 聽過靈修嗎？哲逸有提起過班上的靈修課嗎？

A 以前曾在辦公室裡聽過靈修，不過並沒有很大的接觸。那時以為靈修就是心靈上的修行，不是我們這種平凡人所能理解的，而且哲逸也沒有向我提過，一直以來，對它並沒有很深刻的了解，算是不太認識吧。

Q 哲逸在靈修之前與家人相處如何？靈修之後呢？

A 他以前很乖巧、很溫順，也很服從媽媽的意見，很慶幸有這麼一個乖兒子。上了高中之後，也許是他開始有自己的想法，在思維上有大突變的感覺，行為上也比較「叛逆」，口氣也跟著變得強硬。但是若有所爭執時，哲逸還是會傾向妥協的一方。靈修後，我發覺他的思維變得比較內斂、成熟，和姊姊聊天時也很有自己的想法、充滿智慧，還會在姊姊失意時，拿自己靈修的心得來開導她，姐弟之間的對話，充滿了正向樂觀的看法。

Q 哲逸上高中後有何改變？

A 他開始了解讀書是為自己而讀，不再像以往國中時期那樣，是為了家人期望而讀書，所以顯得更加自動自發，連姐姐也受到感染。剛進高中時，也許因為都不了解大家的實力，所以每天都苦讀再苦讀，好像是怕考不好會使父母擔心。第一次段考結束後，因為更能夠適應了，態度就漸漸的改變成：該玩就玩，該讀就讀，在對自己成績負責的同時，又不失去高中生的活力。除此，我也覺得他變得比較有勇氣、有正義感，像那次在捷運站舉發色狼的事情，就是很好的義行。但是，我也提醒他，在處理任何事情時，也不能忽略了自身安全，而且要更深思熟慮一些、處理的方式也要更有技巧一點。不過，相較於過去的他，可能會因為膽怯而不敢當面舉發，可能是經過這一段時間的靈修啟示，才讓他有道德勇氣去做對的事，他確實是成長了許多。

Q 對於「第一個去愛，第一個去給」，哲逸媽媽覺得他有做到嗎？

A 他有做，不過還少了一些道德勇氣，例如：要幫助別人時會猶豫，尤其是對陌生人。

Q 對於「緩於發怒，敏於寬恕，勇於道歉」，哲逸媽媽覺得他的表現如何？

A 對於「緩於發怒」，上高中之後，哲逸會有自己的想法，所以和家人相處難免會意見不合，會有點小摩擦，但還不至於吵起來，可能會冷戰一段時間，但隨即就會妥協，也會說出自己的想法。在「勇於道歉」這部分，我想連大人都不太容易做到，所以我家哲逸也不太會說出「對不起」這三個字，但卻會表現在行為上，我想這就是他的道歉方式，用一種比較委婉的方式做到了！

子涵爸爸 Q&A

Q 你覺得子涵靈修後，有什麼變化嗎？

A 比較能換位思考，而且態度比較積極。例如不久前，她得知同學的父親檢查出癌症，她除了關懷同學之外，還心急的要求父母也去做健檢，從這件事，我們也感受到她對父母的關心、父母對她的重要性。我想，她會擔心、會關懷、會體貼父母，是她靈修後的改變，但是，她的穩定性還是不夠，期望她假以時日能有更大的進步。這個暑假，她主動提出要到醫院當志工的想法，並且付諸實現，每天回到家，也會跟父母細說她的工作內容，以及所見所聞，從她的描述中感覺到她幫助人的喜悅感，也發覺她對自己的志向越加堅定。

Q 對於子涵的教育方式，在了解靈修之後有什麼變化嗎？

A 過去較為嚴厲，擔心較多。現在比較採用溫和的方式，學習放手，尊重孩子。這樣做，子涵也比較能接受。

Q 還有其他想補充的嗎？

A 我想對光哥說：謝謝您對學生無私的付出，之前，一直想發E-mail給您，因為忙碌又忘了，在此再說聲謝謝您。另外，我也想對子涵說：你的情緒控制及學問，還有很多學習的空間，要趁著學生階段多多培養，將來立足社會，對你會有很大的幫助，加油！

承勳媽媽 Q&A

Q 以前跟承勳相處狀況都是怎麼樣？

A 小時候，他非常乖巧聰明，但是妹妹出生後，我覺得他一方面很高興有一個妹妹，卻又覺得媽媽偏愛妹妹，不疼他了，所以在幼稚園時，就開始打架、咬小朋友。ANDY是我第一個小孩，那時，我還在學習如何當兩個孩子的媽媽，工作又忙，自己當時應該不是一個完美的媽媽，所以ANDY現在還是會認為，我對妹妹們比較好，他以前比較可憐。

Q 那你和承動聽了老師的話有改變嗎？

A 好一點，因為我們個性都不容易改，我自己的個性急，ANDY則是拖拖拉拉，但是我已經試著要放手一點，避免衝突，而且，看得出來ANDY也逐漸在內化自己，想成為一個成熟的大人。

Q 老師講的哪句話，令你印象最深刻？

A 不要在乎現在青春期的ANDY所說的話與行為。

Q 現在如果你跟承動吵架都怎麼處理？

A 我現在身體不好，實在不愛吵架、罵孩子，更何況還有一個調皮的小妹要處理，除非他們太誇張。但是我也知道有時候是我或爸爸不對，所以，我也會傳簡訊跟他道歉。

Q 現在承動和你們吵架有沒有比較緩於發怒、或是讓你們？

A 有，但感覺他還是很容易衝動，青春期嘛，但我知道，他有將這件事記在心裡，再給他一些時間，他會長大，也會越來越好。

Q 對承動照顧妹妹這件事，一年來有沒有改變？

A 他一直做的很好，不過他的耐性降低，慢慢不願陪妹妹，或許妹妹越來越煩，但其實是妹妹看到哥哥回來，很高興，想跟哥哥一起玩。

Q 承動做家事的狀況，以前跟現在比，是怎麼樣呢？

A 他的功課壓力越來越大，當然社交活動也越多，我已經不太要求孩子做太多了，因為平時家中有請阿姨幫忙，但是週末如倒垃圾、吸地板、曬衣服，他還是有做，有越做越好啦。

Q 覺得現在跟承動的問題是什麼呢？

A 離考試只剩一年，他好像開始有一點緊張，但是我覺得他的時間管理要加強，才能讓他生活更充裕。我知道，爸媽不可能永遠都是對的，當我說錯話或太激動時，事後，我也會思考跟他道歉。但是讓我有一點失落感的是：孩子通常不太會將他的苦悶告訴父母，唉！

Q 承勳有什麼具體的改變？

A 我覺得他陷在青春期成長的泥沼中，還在學習人間疾苦，而讀書也真的很教人苦悶，但身為父母的我們也只能跟著他成長、幫助他、關心他。現在，我真的覺得他已經慢慢長大了，能夠慢慢成為我家的支柱。

萌婉老師Q&A

Q 和我們一起參與靈修課程的感想或改變？

A 說到「改變」這件事，其實滿困難的啦！因為需要檢討、反省自己的地方很多。這一段日子，我覺得不只是自己在作靈修，也從你們身上看到、得到很多感動。例如一開始改你們的週記，主題是「第一個去愛，第一個去給」和「給人信心，給人希望，給人歡喜，給人方便」，這也是我印象最深刻的兩個主題。我看到你們寫園遊會、義賣的快樂心得，或是幫助老人、搭公車讓位、幫助一些路邊需要幫助的人，其實做這些事需要很大的勇氣，所以讓我很感動。像我自己小時候，也覺得「做好事」是很棒的，因此也會想要嘗試，可是一旦被拒絕一、兩次之後，就會害怕再問人需不需要幫助，怕再次被拒絕，就是這種心情影響我去做對的事，但在你們身上，我看到「做好事、做對的事情」的勇氣，覺得自己也是可以改變的。

Q 有沒有看到我們班同學的改變？

A 真正和大家密集相處，大概只有半年，不曉得你們以前的情況，也不太能夠確定你們是否「改變」？但是，我確實從你們身上得到許多東西，像是駿逸，在我做教學演示時，需要做一份給盲生的點字邀請卡，當我問他要如何製作時，他自告奮勇的說：「我直接幫你做就好了，那很簡單。」也許他覺得很簡單，但當我拿到駿逸為我製作的漂亮卡片時，覺得很感動，因為對我來說，這就是一個「給人歡喜」也是「第一個去愛，第一個去給」的具體實踐；還有音樂老師也跟我說起范姜為了合唱比賽，會自己去找她練習指揮。我記得那時的靈修原則是「戒慎恐懼」，覺得大家無形中都在做這個靈修，感覺到大家的心情不是為了「我要做好事」而做，只是很直接的表達「認為那是最需要做的事」，我看了，真的很開心也很感動。

Q 以前高中時有做過類似活動？

A 我以前的導師就是光哥，他在帶班時，也是很重視「生命教育」這一環，印象最深刻的事是在高三時，光哥要我們算出〇歲到那時（差不多十八歲）之間，總共花了父母多少錢，包括我們出生包尿布等零碎的小錢，一直到讀書的學費，甚至有的爸媽還為小孩置產、買房子。我發現爸爸媽媽在我身上大概花費了一千萬，當下覺得很驚人，覺得：「我爸媽根本就沒有賺那麼多錢，怎麼可能在我身上花了這麼多錢！」接著，我就會想：「之後要怎樣對父母親更好，怎麼樣孝順他們。」所以，雖然那時候沒有所謂的「靈修原則」，可是「生命教育」這一塊，卻是光哥一直都在進行的事。我覺得自己從高中到現在改變是滿多的，而且也一直在持續進行中，我想這就是光哥推動的生命教育對我的深遠影響。因此，未來如果有能力、有機會時，希望我也可以在學生的身上推行「靈修」活動。

黃鈞爸媽專訪

從黃鈞爸媽口中，我清楚的知道，父母是多麼關注自己兒子的日常生活，但卻又如此的摸不著頭緒。當他們說：「黃鈞是家中的冷酷王子！」時，我和另外兩位採訪同學都嚇了一大跳，因為印象中活潑又開朗、最愛打打鬧鬧的黃鈞，在家中居然是個內向又不擅於分享心事的小男孩。

黃媽媽說：「家中根本就是女人國！」爸爸又比較忙碌，媽媽和姊姊們可以聊女生之間的悄悄話，身為男孩子的黃鈞卻很難跳進這話題中，所以大部分時間，他只能與自己相處。到了國中時，黃鈞因為覺得在學校得不到想要的愛跟尊重，所以變得比較叛逆，行事魯莽又衝動，讓父母很擔心。所幸，升上高中後，認識了光哥，也有了靈修的活動，讓他的性格改變許多，也從原本不經大腦思考的直接言行，轉變為懂得從他人的立場來著想，也懂得控制情緒。這樣的轉變，讓他的父母都忍不住要替自己的兒子豎起大拇指說：讚！

有這樣好的轉變，黃鈞的爸媽很感恩，也很慶幸自己的孩子能在高中遇到光哥這樣的好導師，幫助孩子在人和人相處互動中變得更好，也更勇敢的承認錯誤和勇於道歉。

但是，黃媽媽也特別強調，教育孩子不能只依賴學校的老師，父母的家庭教育，也是促使孩子有所成長的重要橋梁，所以她認為所有的家長都應該積極參與靈修的活動。

最後，黃鈞爸爸也祝福所有的同學，都能透過靈修活動徹底認識自己的內心深處，並願意為此、為未來的路打下平順的根基，然後盡最大的勇氣、心力，去追尋心中真正想要的那塊夢想領域。

15

1「靈」7班 集合！

01 立君

最喜歡的靈修主題

緩於發怒，敏於寬恕，勇於道歉。

對靈修的看法

能夠讓人心靈更上一層樓，雖然容易意會，卻很難真正付諸行動，是能一直持續到未來且讓人不斷努力精進的目標。

同學對我的看法

看似文靜的人，在課業上也很認真，但其實內心是滿幽默又愛玩的。

自己最大的改變

其實自己是容易動怒的人，對於自己不順遂的事情，會很在意甚至是抱怨不停，直到認識「緩於發怒，敏於寬恕，勇於道歉」這個靈修主題後，會在發怒前先冷靜思考自己到底有沒有做錯？或者是這件事情有嚴重到讓大家都知道嗎？且對於自己的情緒管理有益，與人相處較不易起衝突。

我想告訴大家

很高興高中一開始就認識「靈修」，自己能夠是一個不只看事情表面的人了，也期許自己能夠在生活周遭發生的任何事情上更注重各面向和意見。

靈修小檔案

02 品萱

最喜歡的靈修主題

第一個去愛，第一個去給。

對靈修的看法

值得長期努力的目標。

同學對我的看法

第一眼見到你時，總覺得你好像很難相處，每次都擺出嚴肅的臉，開始跟你相處之後，才發現你挺好笑的，也是個很好的傾訴對象，在籃球場上叱吒風雲、衝鋒陷陣的模樣真是帥呆了！雖然在陽光下時常汗如雨下，魅力指數卻仍舊破表！個性爽朗，跟你相處很輕鬆，你自然不做作的態度很容易影響周遭的人，沒有距離感，在你身上還能找到一種肯定的自信。

自己最大的改變

不再執著於一點小事。

我想告訴大家

希望這本書可以影響更多人。

03 翊嘉

最喜歡的靈修主題

擇善固執，不變隨緣。

對靈修的看法

幫助我們對事情有更多面的看法。

同學對我的看法

認真、負責、獨立！上課很認真，都會專心寫筆記，會主動問老師問題，很愛烏龜。

自己最大的改變

變堅持。

我想告訴大家

真的很幸運可以靈修!!! 雖然高二分班了，但因為「靈修」，107 從未分開，有著超乎想像的感情！

靈修小檔案

04 怡君

最喜歡的靈修主題

誠意正心，戒慎恐懼。

對靈修的看法

靈修是一種自我的成長，在不知不覺中潛移默化自己和周遭的人。

同學對我的看法

做事有方法、有目標，不會太在意旁人的眼光，清楚自己在做什麼，眼光充滿了信心和篤定，是個有原則的女強人。

自己最大的改變

比較主動參與班級的事務，也比較主動和同學互動。感謝我來到107，107的包容與支持是我成長的動力，至少當我面對困境時，我知道我不是一個人，在我身後還有著大家的身影，有著107所有人的陪伴與祝福。

我想告訴大家

雖然僅僅相處了一年，但是這一年之中的點點滴滴卻是值得長久的回憶。

05 芩鈺

最喜歡的靈修主題

擇善固執，不變隨緣。

對靈修的看法

可以是生活上的一種寄託。

同學對我的看法

笑臉迎人就是你的超強武器。：）你非常有禮貌，又懂得如何與人對應、相處，是團體中人人愛的角色喔！謝謝你幫大家好多忙。健康美麗，熱舞女孩要加油，為自己的夢想站得穩穩的！

自己最大的改變

變得比較有耐心，脾氣也變好。

我想告訴大家

若永遠不接觸靈修，就永遠不知道靈修對你有多大的幫助。

靈修小檔案

06 予晴

最喜歡的靈修主題

給人信心，給人希望，給人歡喜，給人方便。

對靈修的看法

值得奉行的準則！

同學對我的看法

做事積極負責，態度認真，能把份內事務處理妥當。第一次聽到你的名字時覺得好好聽喔！是很負責任的幹部，不管是衛生或風紀都一樣，而且我覺得你是個很有說服力的人，可能是因為你都很認真負責班級工作，所以你說的話就容易使人信服。

自己最大的改變

和別人相處時，說話的語氣和態度都比較和善。

我想告訴大家

靈修教給我們的，不論到哪裡都很實用，因為我們不論到哪兒都需要和人相處！

07 榆茜

最喜歡的靈修主題

第一個去愛，第一個去給。

對靈修的看法

透過靈修，一個小小想法的改變，一切就變得不一樣了。多了溫暖和付出，少了冷漠和抱怨，相信當大家都肯實踐靈修的那一天，這個世界會變得更美好！

同學對我的看法

柔順的氣質，很會唱歌，時常面帶笑容，當初以為你不多言，後來才發現你還蠻能跟人聊天的。
臉上總是掛著微笑就是你的標記，你總是很冷靜又理性的處理事情。很獨立，很有想法，但也能隨和，讓人感覺很可靠。

自己最大的改變

面對困境時能以樂觀的角度去面對，與人相處時會站在對方的角度為他人著想，見到有人需要幫助時也更能夠下定決心去付出了。

靈修小檔案

08 范姜

最喜歡的靈修主題

在每個人身上看見神，看見佛，看見人。

對靈修的看法

靈修喔？就是靈修啊！ XD 是一種潛移默化，無法形容的東西！

同學對我的看法

你的知識很豐富，表現出來也很成熟，總是能和老師、同學有良好的互動，你懂得怎麼在適當的時候堅持自己的意見、不顧慮別人眼光做出正確的決定，也能設身處地為不同意見的人著想，是當領袖的優秀人才喔！：*）

自己最大的改變

去翻「范姜媽媽採訪文」吧！：）

我想告訴大家

很多事情都不是絕對的在適當的時間、適當的地點、適當的人面前，做適當的事吧！

09 陳馨

最喜歡的靈修主題

擇善固執，不變隨緣。

對靈修的看法

能有一個確定的依據，讓自己有個正確的方向前進。

同學對我的看法

是個心思細膩的孩子，對自己的要求很高，也對朋友很真誠，非常認真在生活。不過不要陷在自己的泥沼裡，你還有 107 這群死黨幫妳。雖然笑點很低，但也能帶給大家歡樂。高二不要給自己壓力這麼大囉！

自己最大的改變

對於正確的事勇於堅持，不再徬徨不定。

我想告訴大家

靈修不僅給人明確的準則，還給人一種安定的力量，將人導向正確的道路。

靈修小檔案

10 問荷

最喜歡的靈修主題

緩於發怒，敏於寬恕，勇於道歉。

對靈修的看法

是待人處事和讓自己變得更好的處方，沒有它之前你並不覺得有什麼不妥；但有了它之後會告訴自己應該變得和過去不一樣。不只是抄在黑板上的名言佳句，靈修在每個遇到困難的時刻，就會變得異常閃亮，跳出來救我！

同學對我的看法

對大大小小的事都很認真看待，替別人著想，雖然有時會猶豫不決，但其實會覺得你真的十分認真對待每件事。文筆很好，常不著痕跡體貼別人，還有唱歌很好聽！

自己最大的改變

學會如何更冷靜理性的處理問題，會在讓情緒影響我之前想多一點！也更體認到「每個人都是一個自己」所以學會用不同的角度去看待每個人，不讓偏見和流言左右。

我想告訴大家

真的只想對大家說聲謝謝，如果沒有你們、沒有靈修，不可能是現在這個我，這個多了一點好想法、對生活更自在的我。也謝謝正在看這段話的你們，謝謝你們的相信這不僅僅是一本書，而是一段無可替代的美好時光、寫不完的故事，更是一份你絕對想不到的，一輩子的驚喜——多了靈修這個好朋友，讓我們一起上路吧！

雅珊

最喜歡的靈修主題

第一個去愛，第一個去給。

對靈修的看法

本來對它抱持著懷疑的態度，但在真正接觸之後才了解到，靈修真的能讓人生產生很大的改變。

同學對我的看法

上課認真、作業認真、運動認真，注重學習但也不失社交，而且能唱能跳，真的很厲害耶！

自己最大的改變

會自己注意到別人的困難並懂得主動幫助人，發脾氣前會先三思。

我想告訴大家

雖然我們只是一群微不足道的高中生，雖然我們用的不是優美動聽的形容詞，雖然沒有專家、教授、校長、主任的大力背書，雖然擠破腦子才寫出這一本小書，但請你耐心把它看完，這是——我們的真心。

12 毓庭

最喜歡的靈修主題

緩於發怒，敏於寬恕，勇於道歉。

對靈修的看法

靈修讓我更能設身處地為別人（比以前更多），與別人爭吵時，更能先檢討自己，也更能把愛表現出來！像是幫助別人，而當下幫助別人的感覺，真棒！「緩於發怒，敏於寬恕，勇於道歉」這句話我受益最大了，以前我認為先道歉的人超沒面子的，現在我認為與其處在那尷尬的階段，不如先道歉，和好，如果是對方錯了，可以委婉的跟他説，早早結束紛爭，也比較快樂，感覺心中的那塊大石頭放下來了，不是嗎？靈修像是社會上的一股清流，謝謝光哥讓我遇見！

同學對我的看法

凡事都是隨性決定的，偶爾有些懶散。但比較重要的事情總有比別人成熟的想法，其實本身很有主見，只是把事情看得很淡而已。

野田妹！你的舉動真的跟一般的孩子不太一樣 XD，還蠻討喜的！想當獸醫的你，夢想一定會實現的！不過神經不能太大條喔！而現在的孩子沒有什麼「吃苦的能力」，普遍嬌生慣養，希望你除了成績之外，也要學會什麼叫做忍與耐的道理。

自己最大的改變

讓我能夠更成熟的處理事情，並且把愛傳出去，且脾氣更容易控制得住，不會馬上翻臉。

我想告訴大家

我想讓靈修一直傳下去。

13 筱芸

最喜歡的靈修主題

第一個去愛，第一個去給。

對靈修的看法

第一次接觸時，感覺很新鮮。

同學對我的看法

跟允真默契最好的英文小老師！對人客氣有禮貌很溫柔，小老師的工作總是很有責任地扛起，自己默默體貼的做了很多事，打籃球時又會展現開朗的一面，是個動靜皆宜的女孩。

自己最大的改變

行事前會先三思。

我想告訴大家

希望每個人都能認真去實踐靈修。

靈修小檔案

14 子涵

最喜歡的靈修主題

給人希望，給人信心，給人方便，給人歡喜。

對靈修的看法

靈修把人變得更有價值，把生活變得更溫馨，把世界變得更可愛！

同學對我的看法

有時候說話太直沒有顧慮到對方感受，但有時候會讓人覺得很受照顧，直率而貼心。

自己最大的改變

會更體貼別人，將心比心為別人著想。

我想告訴大家

沒有考上北一女，來到松山這個靈修好班級，這個有好老師們、可愛同學們的好班級，是緣分！是美好的緣分！

15 涵云

最喜歡的靈修主題

第一個去愛，第一個去給。

對靈修的看法

用心去體驗每一條原則，第一次可能懵懂無知，等到第二、三次以後，就會更了解靈修的意義和精髓，那麼你就會搖身變成「靈修王」啦！

同學對我的看法

開朗又樂觀，班上笑聲的來源。對朋友貼心，責任感很重，想把所有事情都做到最好。

感情豐富，又不太敢在別人面前表達自己情感，對於喜歡的事物也不曾忽視過！

自己最大的改變

以前總認為人與人相處就該有相對的付出，但在老師帶領靈修之下，我明白了！很多時候並非是人們怎麼對你，我們就如何對待別人，把自己的心放寬一些，當你願意不吝惜的賦予他人快樂時，那麼，你才是全世界最快樂的人。

我想告訴大家

靈修最簡單的第一步就是替人著想，每一件小事都能為身旁的人將心比心，當每件小事情都能做到如此，那麼就會慢慢累積慢慢散播到更遙遠的角落裡，107就像是棵小樹苗，但一人一愛也能變成大樹。

靈修小檔案

16 芷螢

最喜歡的靈修主題

第一個去愛，第一個去給。

對靈修的看法

靈修使人主動去改變自己的想法，讓人活得更快樂。

同學對我的看法

對待朋友很真誠，總是很細心的體貼別人，個性很謙虛又很容易害羞，每次只要一說到你的優點，你就會很急於撇清，慌張的說：「哪有！」但事實上你就是那麼棒啊！所以要對自己有自信一點！

自己最大的改變

漸漸的開始會主動去關心身邊的人，不像以前只存在自己的小宇宙裡。

我想告訴大家

如果自己先去關心周遭的人，而使自己和別人都感到快樂、滿足，那麼按照這樣的方式一直傳遞下去，就能讓大家感受到溫馨。

17 涵如

最喜歡的靈修主題

第一個去愛，第一個去給。

對靈修的看法

靈修是一種對心靈的洗滌。我發現人生要過的快樂又有價值，絕對跟它脫離不了關係，算是自己對生活的實踐吧！

同學對我的看法

你是個很有親和力又單純的女孩，喜歡你的熱情、活潑，謝謝你總是笑笑的，讓我被你的快樂給感染！你設身處地為人著想，甚至願意犧牲小我，完成大我，和在課業上鍥而不捨的認真態度，真的讓人很感動！寫字總是超整齊，最讓我佩服的是你很會找出問題點在哪，也善於分析，更不害羞的請教別人，你不吝於分享又能踏實的完成自己的目標，能認識你真的很幸運：）

自己最大的改變

我不會再像以前一樣那麼自私，也不再因瑣碎的小事而生氣！

我想告訴大家

我真的很開心曾經坐在 107 的教室裡，一年來那間教室所發生的點點滴滴，讓我笑、讓我感動、讓我成長。在我心中，這是最完美的組合。

靈修小檔案

18 允真

最喜歡的靈修主題

第一個去愛，第一個去給。

對靈修的看法

感覺起來很困難，但認真體會後就能發現它其實就存在於生活中的每個小事情，因為靈修，能感受到更多的美好環繞著自己。

同學對我的看法

覺得有點像幼稚園老師，親和力十足，小朋友會很喜歡的人，外加人很熱心。

自己最大的改變

以前常常只會顧慮自己的情緒和感受，往往會忽略其他的人、事、物，而光哥帶給我的靈修原則就這樣，一點一滴靜悄悄的滲入我的生活，教我學習換個角度看待，將會得到更多，不再那麼執著於「達不到的執著」。

我想告訴大家

主動關心別人是一件很幸福的事，能讓身邊的人感受到愛，也會從其中獲得一種踏實的溫暖，付出，其實可以很簡單。

19 蘇愛

最喜歡的靈修主題

擇善固執，不變隨緣。

對靈修的看法

要在生活中實踐，可以長期（一生）追尋。

同學對我的看法

蘇愛你絕對是這世界上最大愛的人了！不管什麼事情都會，每個人都可以照顧到，每次都期待你帶零食來填飽我們的肚子！ XD 謝謝你那時候教我織圍巾，雖然我用的很爛而且到最後也是你幫我搞定的。哈哈！你滿滿的用心和貼心，大家都能體會！要繼續散播你的大愛哦！

自己最大的改變

比較勇於承擔和承認錯誤。

我想告訴大家

我會盡快找到新的靈修主題，並繼續靈修下去！

20 東翰

最喜歡的靈修主題

誠意正心，戒慎恐懼。

對靈修的看法

一生的好朋友。

同學對我的看法

長得像混血兒，英文超強，跟我一樣愛唱歌的男孩。有時候真的很受不了你那目中無人的壞脾氣，但那就是你，我沒辦法改變只能接受。

自己最大的改變

更能夠面對自己，不會欺騙自己和別人。

我想告訴大家

靈修帶給我很大的改變！

21 庭安

最喜歡的靈修主題

緩於發怒，敏於寬恕，勇於道歉。

對靈修的看法

可以使人成長快速，遇到事情可以多面向的思考。

同學對我的看法

你要對自己有信心一點啊！你真的很棒又很貼心，而且其實一開始我認識你是因為你超漂亮的字跡和好脾氣，又很為人著想。謝謝你都借我書套教我數學。對了，我跟你說喔，不要因為有人反對，就輕易變動原先規劃的制度，我也常這樣，可是假如你沒受到任何批評，表示你可能沒做什麼事！我們要一起努力學著接受一些反對意見、慢慢改進，但仍堅持做自己喔！加油！

自己最大的改變

當遇到令人生氣的事，可以冷靜下來多思考。

我想告訴大家

靈修改變我對事情的看法，使人成長。

靈修小檔案

22 奕廷

最喜歡的靈修主題

在每個人身上，看見神，看見佛，看見人。

對靈修的看法

很不錯的東西，如果實踐它的話，益處良多。

同學對我的看法

在開學時以為你是一個沉默寡言的人，但直到有人與你漸漸熟悉後，才發現你充滿無法言語的天然笑點。另外還發現了你不太敢跟女生講話的特性，所以周圍的人時常用這點來揶揄你，希望你除了沉浸在遊戲王之外，也能跟人多多溝通。

原本認為你是那種害羞、內向的人，但有時候你真的超好笑的，你總是微笑，我真不懂，你之前坐我旁邊，一直在玩手機，結果考了 80 幾分，怎麼這麼厲害，是神嗎？物理小考我不及格，我周圍的也幾乎都不及格，結果你竟然及格，真讓我不平衡，我還問你物理呢！專心上課吧！你覺得神會常常眷顧你嗎？

自己最大的改變

對家人不爽時，就會試著去想：「為什麼可以忍耐同學，就不能忍耐家人呢？」

我想告訴大家

靈修吧！不要覺得這是件無聊或麻煩的事，因為這絕對是極有意義的。

23 哲逸

最喜歡的靈修主題

第一個去愛，第一個去給。

對靈修的看法

雖然不一定每個主題都可以做到最完美，但靈修會讓你學會反省，而且你會發現你的進步！它不是掛在牆上的名言佳句，而是真正生活中奉行的信條。

同學對我的看法

你真是一個很樂於參與班上活動的人，我想共讀要是沒有你自願的督促大家，效果一定不會像今天超乎想像的好，在尚未接近段考的日子選擇留下晚自習也是你帶來的風氣，希望以後你能感染更多人加入行列。你對班級活動積極參與，有責任感，而且做的很周到；平常你是一個喜歡開玩笑、給別人歡喜的人；你會主動關心別人，懂得如何幫助別人，是個可以信任的朋友！！

自己最大的改變

我變得很勇敢了。敢於付出、敢於承擔，我不再只會在腦中想著去做，而是會有行動表現出來了！

我想告訴大家

靈修吧！雖然我也常常忘記遵守靈修原則，但隨著靈修時間的累積，靈修會變成本能，在你猶豫時幫你邁開腳步！

24 子傑

最喜歡的靈修主題

給人信心、給人希望、給人歡喜、給人方便。

對靈修的看法

要開始去做時，需要有一些勇氣，而實踐之後便會發現靈修對於我們處事態度的影響。

同學對我的看法

個性冷靜！超超超超級認真的，人也很好！標準乖小孩就對了。

功課超強，我們真有緣，小六、國中、高中同一家補習班，高中竟然同班，真不敢相信。多去運動，感覺運動有點少，其實你的骨子裡面很熱情，幹嘛有時裝出冷漠的樣子呢？多多參與活動，你真的認為站著吃飯好嗎？我不認為。

自己最大的改變

不會像以前一樣那麼衝動。

我想告訴大家

希望大家都能和我們一起靈修。

25 韋廷

最喜歡的靈修主題

擇善固執，不變隨緣。

對靈修的看法

可以改變自己的人生觀，且提升修養。

同學對我的看法

在你當上班長之後才發現你很有正義感又很有魄力，你有成熟果斷的一面，也有搞笑可愛的一面，你對於幫助別人毫不推辭，也很尊重別人，是新好男人喔！

自己最大的改變

靈修一年來的改變啊 ?! 雖然沒有完全做到，但我努力想達到的是學會「放下」，這世上沒有百分之百如意的事情，當自己不得志時，要學會放下，不計較得失。不變的話那就隨緣吧！至少我們還是堅持自己的道德標準。但我知道這還是需要一定的修養，不過我會努力的。

我想告訴大家

靈修不僅對個人修養有幫助，若能擴及朋友、家人，甚至是身邊的任何一個人，那麼這世界會是一片光明。

靈修小檔案

26 紹賢

最喜歡的靈修主題

第一個去愛，第一個去給。

對靈修的看法

能夠使自己的脾氣控制好（對我弟就是個例子），至於對同學是和以前差不多。

同學對我的看法

你像一隻貓，喜好自由，不願受拘束、貪玩、孩子氣、愛吃魚！你很大方，每次都請我喝飲料，超感謝你，你也是個天真、熱心的好人。

溫柔的大男孩，為人體貼，做朋友時也懂得拿捏分寸，簡單來説，就是可以一起肝膽相照的朋友(YO!)。

自己最大的改變

對家人吧！尤其是我弟，他真的是很機車，以前對他就直接念幾句，現在則是多多包容他，畢竟還是比我小且比我幼稚。

我想告訴大家

靈修其實改變我對我弟的態度，比較不會對他大聲説話，和同學的相處則需多去付出（畢竟自己較內向），所以才喜歡「第一個去愛，第一個去給」這個靈修主題，時時警惕自己要多去做，雖然離目標達成還很遠，就加油吧！

27 佳慶

最喜歡的靈修主題

緩於發怒，敏於寬恕，勇於道歉。

對靈修的看法

對自己心靈更進一步的修養，兼具思考及行動，一開始必須先對靈修有些初步的認識，或者聽一些實際例子會比較幫助我們對靈修有更多聯想及認識，同時也可以想想自己可以在什麼情況下實踐。接下來就要靠自己在日常生活中的行動囉！依著自己之前的模擬，每一次都可以增加經驗值之類的吧！下一次的靈修動作也可以更果決。

同學對我的看法

無憂無慮的感覺，要上緊發條，待人不錯，外冷內熱，體育不錯，講話好笑。

自己最大的改變

可能是在愛生氣吧！經過這種訓練比較會三思。哈哈！

還有對於幫助別人的果決度，比如之前捷運讓位，總是左想右想，想到老婆婆都下車了，還沒準備要讓坐，現在比較可以立刻行動。

我想告訴大家

靈修真的是我高中前從來沒聽過的詞彙，靈修似乎可以幫助高中生轉大人，甚至很多大人無法做到的態度，都能靠靈修來練習。靈修就是練習態度，但更重要的是實際行動，正確的道理很多人都知道，但做出來的至少折了一大半，靈修讓我把正確的態度放在行動上，慢慢就知道，帶給我的好處很多很多。

28 瑋辰

最喜歡的靈修主題

擇善固執，不變隨緣。

對靈修的看法

也許不是每人在生命中都會遇到學習靈修的時刻，即使遇到了可能只是不重要的片段。靈修好比一個匿名的社會規範，不遵守、不理解，不會受制裁，但它卻是能區分人與獸的原則。靈修無法把凡人變聖人，但提升內在的修養比起物質的獲得更為有價值。

同學對我的看法

謝謝你教我數學啦！讓我上學期數學沒有被當。 對人也很 nice ，不管怎麼被我嗆都不會生氣。喔！好讚 !! 只是有時候想太多是一種負擔喔！簡單一點比較快樂，你說是吧？ :D

演歌劇出名的男孩，總是班上的開心果，放得開人又很好，你曾問我：「你覺得我很醜嗎？」我現在回答你：「你一點都不醜，內心善良的人永遠都是最帥的啦！」多給自己一點信心，世界會變得不一樣。

自己最大的改變

曾經我是個時常看不慣別人缺點的人，總是想盡各種方法糾正別人！如今在我行動之前，我會先考慮到是否有實質可能性，若沒有，我會選擇沉默，但不代表排斥此人，而是理解：尊重每個人都存在缺陷的道理。

我想告訴大家

能在第一年高中便遇到我從小以來最好的班級，真有莫名的感動！撇開成績，放下身段，說說做人的本意，在以升學為主軸的學校而言，又有多少班級能做到呢？在 107 與同學們每天相處超過 8 小時，可以確實感受到生活及靈修的美好。實際上，也許不是每個人的靈修結果都能看見明顯的變化，潛在的成果是不可忽視的，即便能坐下好好談談靈修的方法，都是值得考驗的一門學科！

29 駿逸

最喜歡的靈修主題

誠意正心，戒慎恐懼。

對靈修的看法

靈修是一種警惕、反省的工具，可以在生活中看見與實踐，慢慢的改變自己對人事物的態度。

同學對我的看法

你彷彿告訴我：「我們可以，你也能。所以我從不將你視為有疾病、陌生的人。」

自己最大的改變

以前常常跟家人發生衝突，因為「緩於發怒」這個主題讓我開始思考：除了發怒之外，還有什麼方式可以解決問題？於是我開始用比較幽默的方式與家人相處與化解不愉快，我發現只要動點腦筋，換個方式，事情就迎刃而解。現在我已經超過半年沒有與家人吵架了。

我想告訴大家

其實這一年間，有些時候，我會暫時忘記靈修，或者忽視它的存在，但它偶爾會在我心中一閃而過，突然的提醒我：「誠意正心」、「緩於發怒」、「給人方便」……，它們偶然的提醒，常常使我改變看法與做法。

在反省過去發生的事時，常常會想到靈修原則，歸納這些事適用哪個主題，應該怎麼做會更好。這雖然是一種事後反省、於事無補的辦法，但是如果下次碰到相同狀況的時候，我就知道要怎麼做了！

這一年來，靈修改變了我，但還是有很多地方要努力改進，畢竟「不進則退」啊！希望讀者在讀完這本書之後，也能夠慢慢改變自己，改變身邊的人。

靈修小檔案

30 勝豐

最喜歡的靈修主題

給人信心，給人希望，給人歡喜，給人方便。

對靈修的看法

本來像對待聖經一樣看靈修，但後來發現很多生活周遭的事都可以和靈修有關。

同學對我的看法

相信我，你跟資元是我在分班之後最捨不得的一個人，聽到你去三類我還蠻難過的，但去的話就要認真讀喔！不要辜負我的「捨不得」。還有，我很喜歡你的搞笑風格，就是能把一件事情很生動的邊說邊演！ XD

樹林口（樹林人＋林口人）是不滅的，假如你有要演出的話，要記得揪我喔！

自己最大的改變

變成熟！我也說不出最大的改變在哪？總之對別人的看法改變了，不會太急於去判斷一個人，應該說是變客觀了！

我想告訴大家

對一個人的看法，會因為很多事而改變。

31 聖方

最喜歡的靈修主題

誠意正心，戒慎恐懼。

對靈修的看法

老實說靈修這檔事沒辦法單單的用幾句話陳述，但是大體來說，這絕對是改變自己的機會。平時生活總是焦躁、掙扎，似乎永遠都在重複，但是與靈修邂逅，給了個喘息空間，思考自己。

同學對我的看法

你打球真的超棒的，對我來說是一種遙不可及的境界，你待人很和善 , 你平常也讓人感覺很沉默，但是沉默之中偶爾又帶有一點幽默，從好山好水的深坑來到松山高中也是一件不容易的事。

自己最大的改變

用單純的想法面對複雜的人生。

我想告訴大家

忠於心中最純真的自己吧！

靈修小檔案

32 資元

最喜歡的靈修主題

緩於發怒，敏於寬恕，勇於道歉。

對靈修的看法

靈修使人學會思考，並且用正面積極的態度面對生活，即使遇到再大的困難都能依著靈修原則做出正確的判斷及心理調適。

同學對我的看法

別人對你的觀感，也許只有白目、不明事理，但經過將近一年的相處，我才逐漸體會到你即使表現得如此亮眼，內心卻比誰都脆弱，比別人更容易受傷。比感性你不會輸給任何人，不管你以後遭遇到什麼困難，希望你能坦然面對，重新再站起來。另外，有時你說話，一定要先考慮當事人的感受，不能只單單想帶給他人歡樂，如果能做到這點會更好喔！

自己最大的改變

變得更懂得尊重別人，更懂得謙虛，待人處世也愈來愈正向思考。

我想告訴大家

能遇見光哥，我很幸運。當了他一年的孩子，我從一開始的囂張不懂禮貌，一直到後來，我漸漸感受到他散發「溫柔敦厚」的氣質，給我一種很溫暖的感覺，這使我以他為目標，以靈修為途徑，通往真正有意義且智慧的人生。這不是短時間可以辦到的事，而是隨著一天一天的過生活，慢慢培養出來的。現在的我還是有很多缺點，很多惹人厭的地方，我還很不足，我還得再加油繼續靈修！

33 雋穎

最喜歡的靈修主題

給人信心，給人希望，給人歡喜，給人方便。

對靈修的看法

讓人內心充實，可以再次省思自己的所作所為。

同學對我的看法

每當你不說話時，常帶給我一種神秘、無法親近的感覺，然而在你開口之後才能消除那層面紗，多跟別人溝通或是保持著淺淺的笑容，這樣即使不太熟悉的人，也會對你的印象比較好喔！

自己最大的改變

能明確找到自己的人生方向，更了解自己的內心。

我想告訴大家

沒有人一出生就了解自己，但只要深入體會，就能找到真正的自我。

34 士傑

最喜歡的靈修主題

誠意正心，戒慎恐懼。

對靈修的看法

頗有趣的，而且可以思考許多事，譬如說身邊的小事、人生的大事，或者是平常從未想過的事。

同學對我的看法

你沉默寡言的個性，有時真不知該從何跟你說起，我想你心中有許多話想說，也許只是猶豫過了頭。多主動說些話，不需要考慮太多，這樣大家跟你相處時才能很快漸入佳境。

自己最大的改變

其實改變不大，而是在心境上有些微不同，只要有心，相信一定可以做到。

我想告訴大家

謝謝光哥，讓我認識靈修，就像是蘇格拉底，改變我看這世界的角度，也看見更多美好的事物。

35 黃鈞

最喜歡的靈修主題

擇善固執，不變隨緣。

對靈修的看法

可以當作一生的目標，但不是一時就能成就的。

同學對我的看法

有時候有些自我，也有些固執，但不會把一切看得太重，會拿得起放得下，如果能掌握好自己的情緒就不會遮掩住本身的好，才能讓別人看見你的優點。看見你很認真執著於一件事時，總讓我感覺到：原來這就是男人的魅力啊，呵呵！然而你生氣時確實令人不敢接近，但我想人都有情緒，沒啥大不了，盡量不要波及到無辜的人才是最重要的。

自己最大的改變

脾氣變好。

我想告訴大家

靈修可以改變人的一生。

靈修小檔案

36 仲寧

最喜歡的靈修主題

第一個去愛，第一個去給。

對靈修的看法

可以奉行一生的，可以活到老學到老的感覺，可以讓自己更好。

同學對我的看法

你打瞌睡的姿勢實在是百百種耶 !!! 謝謝你這學期陪我一起去上赫哲，雖然我發現我們倆都很沒主見，晚餐吃什麼也都沒意見，挺蠢的。也謝謝你能聽我說心事，你是一個很好的傾訴對象，跟你聊天總會讓我很放心也很開心，升高二後有心事還是要跟你吐苦水喔！拜託你囉！

自己最大的改變

「看」到更多的事物，動作前可以三思。

我想告訴大家

能接觸到靈修真的事很幸運，當然不是客套話， 靈修讓我開拓了視野。

37 靖柏

最喜歡的靈修主題

第一個去愛，第一個去給。

對靈修的看法

可以改變一個人的價值觀。

同學對我的看法

不要太沉溺於自己的世界，多主動和同學聊聊互動，你會變得更討人喜歡。

自己最大的改變

勇於付出。

我想告訴大家

靈修改變的是價值觀，我們必須用行動來貫徹這些價值觀。

38 松翰

最喜歡的靈修主題

擇善固執，不變隨緣。

對靈修的看法

對生活有正面影響，清楚了解自己在做什麼。

同學對我的看法

你對班上的貢獻真的是完全無怨無悔，即使班上很難配合，你也很有耐心的處理許多雜事，在大家看不到的背後，你付出的心力多多少少也影響了班上的凝聚力，能有你這樣刻苦耐勞的人在 107 真好。希望你能誠實面對自己，少一點逃避，就多一份動力！

自己最大的改變

知道自己在做些什麼。

我想告訴大家

靈修讓我對事情開始有了不同的想法，讓我更知道如何去面對生活上大小難題，更有方向的去實現理想。

39 韋勳

最喜歡的靈修主題

擇善固執，不變隨緣。

對靈修的看法

靈修，是對自己心靈的剖析，透過那些主題，可以使自己的想法和行為更上一層樓。

同學對我的看法

活潑好動的男孩，在體育的表現上總是特別的出色，你那聰明過人的腦袋也總是令人羡慕呢！但是衝動、血氣方剛的個性，偶爾可以多停一下再行動，才不會做了讓自己後悔的事。敢愛敢恨，是我做不到的灑脱！

説你很聰明真是一點也不假，説你很有女人緣更是一點也不愧對你，呵呵！表面看似酷愛自由的你，內心其實渴望平靜。也許你常感覺有諸多不順的事，我想大家應該都如此吧！希望你把抱怨的時間拿來想辦法改善。

自己最大的改變

對於很多事情，會想得更多，也不會太衝動。

我想告訴大家

我想要一直持續靈修下去。

靈修小檔案

40 承勳

最喜歡的靈修主題

在每個人身上，看見神，看見佛，看見人。

對靈修的看法

原則和老師的用心，自己開始將靈修融入生活。

同學對我的看法

有點訝異你看人的眼光，很難想像我們班有這麼敏銳的人，不過能和你分享一些事情，也頗有收穫的。第一次遇到那麼志趣相投的好朋友，很開心遇見你！人生沒有平凡無奇的時刻喔！即使平凡也很精采，端看你怎麼想。有衝突的時候，放低姿態不一定是示弱，可以讓一切不會往最糟的地方發展。

自己最大的改變

比較能理解媽媽的脾氣與爸爸的壓力。

我想告訴大家

靈修很實用，大家一定要好好去實踐，加油吧！一「靈」七！

41 皓珉

最喜歡的靈修主題

在每個人身上看見神，看見佛，看見人。

對靈修的看法

希望繼續保持下去，總覺得自己還做得不夠踏實。我覺得靈修是一種表面上不太有效率，但實際上可以更認識自己，體驗對生活改觀的感覺。

同學對我的看法

每次看你認真背英文時，你那看似還沒長大的外表已經被完全覆蓋。你是一個很有遠見的人，也因此常讓我擔心自己，所以不禁想跟你鬥嘴，釋放一下你幼稚的一面，呵呵！有你們這些義工的存在，弱勢團體才會被社會重視！

自己最大的改變

和同學相處常會稱讚別人的優點，不會吝嗇給人讚美。

我想告訴大家

我很慶幸能夠碰到這樣的班級，尤其是在高中這麼重要的階段。來到這個班，我感到非常輕鬆自在，看不到什麼奇裝異服，也看不到什麼不良幫派之類的。雖然已經高中了，但我覺得你們的心比國中生還純真，我要謝謝你們，謝謝你們這一年來的支持和鼓勵，謝謝你們讓我度過歡笑的這一年。

別讓情緒成為我們的主人！

劉桂光

平常的週六，這一家人會悠閒的一起到附近的一家連鎖咖啡廳吃早餐、喝咖啡、聊生活裡的許多事情！幾週前的週五，讀高二的兒子將段考的成績單拿回家，他自己對這一次的成績很不滿意，拿到成績單時心情頗糟！可是，這卻是讀高中以來數學成績最好的一次，因為他幾乎花了所有的時間在數學上，也間接排擠到其他科目的考試表現。他心中規劃著如何將數學的學習心得轉化到其他科目上？他正想著如何在下一次的考試時，扳回一城？

可是，媽媽看到成績單時瞠目結舌，難以想像孩子明明很用功，成績怎麼這麼差？這種平均分數與排名跟國中比起來真的是差太多了！爸爸更是怒火中燒，斥責小孩的不用功，枉費他這麼辛苦的工作為他付補習費！真不曉得每天躲在書房在幹什麼，根本就是在混。

父母輪番數落、軟硬都來，讓孩子很受委曲。他竭力的為自己的成績表現辯解，但顯然沒用，反而被認為是在找藉口。家人爭執了整晚，還扯出一堆的陳年往事，當然連帶的隔天悠閒的早餐時光也沒了。

這就是典型的「讓情緒成為我們的主人」，導致生活裡所呈現的情況不是我們心中真正想要表達的！爸媽明明就是關心孩子，可是在情緒的主導下，關心就變質了；孩子也懂得反省，知道自己的錯，卻因為情緒使這樣的態度消失了！如果我們懂得從「覺察」開始，這個情況就有可能變成下列的樣子：

當爸媽看到成績單時，懂得覺察自己的情緒，不會被情緒掌控，會先仔細看完全部的成績，找到既能表現關愛，孩子又能接納的切入點！爸媽可以說：「哇！你的數學成績進步真多啊！你是怎麼做到的？」孩子一定會歡欣地將他的努力與父母分享。然後爸媽可以接著說：「那其他的科目發生什麼事？」試著相信孩子，讓孩子來說。或者問他：「你對這次段考的整體心得是什麼？」、「如果可以重新來過，你會怎麼安排？」

慢慢用理性、關心的對話，放下那些情緒的、負面貶抑的字眼，像是：你怎麼考這麼差？你要如何改過？你很混！你都在玩社團，一點都不像個高中生！下次再沒有進步就不要補習了！我看乾脆休學不要唸了！還不如去學個什麼技術！

父母師長只要記得一個重點：每個孩子犯錯或失敗的狀況出現時，都是我們教育、引導成長的機會！我們應該要接納孩子的狀況，幫助他走出困境，而不是用情緒將自己與孩子都困住。我們要做到的是：家長與老師在教育上的責任，而不是像個警察或法官一樣的追究孩子的過錯。當孩子願意面對錯誤，學會負責的態度與方法，那麼將來他犯錯的可能性就會變少，相對的，我們需要擔心的事情也就不多了。

我們每天被生活裡的事物牽起各種情緒，如果我們不能學會當情緒的主人，反而被情緒牽著走，那麼我們的生活就會紛擾不斷，就不會有真正的、長久的平安、快樂與幸福！

在生活中覺察自己的情緒，懂得正向的轉化自己，提升生活的品質，努力在我們的心性上修養，學習當情緒的主人，就可以讓生活充滿快樂與幸福，也就是這本書所要分享的重點！

總　召：李哲逸

寫作組：李哲逸、林怡君、羅允真、陳問荷、洪榆茜、
陳雅珊、謝涵如、范姜巧芸

採訪組：李奕廷、李哲逸、柳紹賢、侯予晴、洪榆茜、
高駿逸、范姜巧芸、藍皓珉、張勝豐、盧韋勳、
江品萱、林怡君、林韋廷、謝承勳、陳聖方、
鄭涵云、陳　馨、陳雅珊

校　稿：寫作組＋林韋廷、林芩鈺、鄭涵云、徐佳慶、
柳紹賢、江品萱

生命講堂
比考第一名還重要的事：光哥與107班

2012年6月初版 定價：新臺幣320元

著者 劉桂光等
發行人 林載爵

出版者 聯經出版事業股份有限公司
地址 台北市基隆路一段180號4樓
編輯部地址 台北市基隆路一段180號4樓
叢書主編電話 (02)87876242轉221
台北聯經書房：台北市新生南路三段94號
電話：(02)23620308
台中分公司：台中市健行路321號
暨門市電話：(04)22371234ext.5
郵政劃撥帳戶第0100559-3號
郵撥電話：(02)23620308
印刷者 文聯彩色製版印刷有限公司
總經銷 聯合發行股份有限公司
發行所：台北縣新店市寶橋路235巷6弄6號2樓
電話：(02)29178022

叢書主編 林芳瑜
特約編輯 黃素玉
整體設計 劉亭麟
攝影 王弼正

行政院新聞局出版事業登記證局版臺業字第0130號

本書如有缺頁，破損，倒裝請寄回台北聯經書房更換。 ISBN 978-957-08-4015-5 (平裝)
聯經網址：www.linkingbooks.com.tw
電子信箱：linking@udngroup.com

國家圖書館出版品預行編目資料

比考第一名還重要的事：光哥與107班/
劉桂光等著．初版．臺北市．聯經．2012年6月（民101年）．192面．18×25.2公分（生命講堂）
ISBN 978-957-08-4015-5（平裝）

1.生命教育 2.靈修 3.中等教育

524.35 101011048